タニタの働き方革命

谷田千里＋株式会社タニタ〔編著〕

日本経済新聞出版社

―プロローグ―

タニタが「日本活性化」と言い出すワケ

「働き方改革」――。昨今、この言葉を耳にしない日はありません。関連する書籍もあまた出ています。

こうした状況の中で、わざわざ本書に手を伸ばしてくださったのは、メーカーでありながらいきなりレシピ本を出したり、「タニタ食堂」を始めたりするちょっと変わった「タニタ」であれば、他と違ったことをしているのかも、と興味をお持ちいただいたからではないでしょうか。

その通りで、本書は、よくある「残業の減らし方」や「働きやすい職場づくり」を解説しているものではありません。テーマはタニタオリジナルの「働き方改革」について。

名付けて「日本活性化プロジェクト」と呼んでいます。

本社で働く社員が200人程度、グループ全体でも1200人ほどの中堅企業タニタが、自社の活性化のみならず「日本の活性化」だなんて、何を大げさなことを言い出したのかとお思いでしょう。

確かに自分でも口幅ったいのですが、「何を大それたことを」という批判も覚悟であえて「タニタ活性化」ではなく「日本活性化」と冠した理由は二つあります。一つは、「危機感」です。

ことし4月からの「働き方改革関連法」施行に伴い、罰則つきの残業規制がスタートしました。そのこともあって、**ともすると「働き方改革」＝残業削減と捉えられがちですが、私は残業時間のみにフォーカスした「改革」を進めても、日本は活性化しないのではないかと考えていました。**

残業削減だけやっていたのでは、日本は沈没する

これまで「働き方改革」の名の下に議論されてきたのは、残業削減や有給休暇取得の

義務化、テレワークの推進など「働きやすい」環境づくりが主だったのではないでしょうか。できれば「働き甲斐」やその方向からの「生産性」についてもっと突っ込んだ議論が欲しかったと思いますが、それらは置き去りにされてしまった感があります。

特に残業規制については、法律で定められた上限を超えることは違法となり、違反すれば刑事罰もあり得るとされたことで、企業経営者の関心がそこに集中してしまった面もあるでしょう。

私自身、過労死を招くような長時間労働は、絶対になくすべきだと考えていますし、過剰労働を放置してきた現場は一刻も早く是正に取り組むべきだという立場です。しかしながら、いまの日本では働く「時間」ばかりがクローズアップされ、働き方改革の「本質」が見失われてしまっている気がしてなりません。

例えば、最近は1日8時間できっちり仕事を切り上げることが「是」で、それ以上の残業は「悪」であると単純に決めつけるような風潮が生まれています。残業が多い会社についてはすぐに「あそこは『ブラック企業』」などという噂が立ち、それがSNSなどで拡散して企業のイメージダウンにつながるといった事例も少なくありません。

しかし考えてみてください。

もし日本中の企業が残業撲滅に邁進《まいしん》し、ほとんどの人が1日8時間きっかり働くようになったとして、働く人たちは皆、幸せになれるのでしょうか? 日本経済は良い方向に向かうのでしょうか?

そもそも「働き方改革」が始まった背景には、日本の労働人口が減っていく中で、現状のままでは日本経済が衰退してしまうという課題がありました。頭数が減るのですから、一人ひとりが持てる能力を最大限発揮し、活躍できるようにすることは重要なファクターの一つです。

だからこそ、多くの人が「働きやすい」環境をつくるのと同時に、従来の働き方を組織や人事施策、業務フローなどあらゆる方向から見直し、「生産性」を高めなくてはならない——。それが「働き方改革」の原点だったはずです。ところが現状では「働き方改革」＝残業削減であるかのように、問題が矮小化されてはいないでしょうか。

そんな状況で、従来の低い生産性に手をつけないまま、うわべだけの残業削減を進めてしまうと、企業が生み出す商品・サービスの付加価値は当然下がるでしょう。結果的に売上は減少し、社員の収入も減らざるを得ません。

私はいまのような残業削減ばかりが先行する「改革」を続けていれば、日本は活性化しないどころか沈没するとさえ思っています。

ネーミングの失敗。今度こそ！

二つ目の理由は、内輪話にはなりますが、過去に一度ネーミングで失敗したことです。そのため「今度こそは」という思いがありました。

弊社には150を超える企業・自治体に「医療費を適正化するパッケージ」として導入していただいている「タニタ健康プログラム」があります。サービス自体は良いものだと自負していますが、私はこのネーミングについて、かなり後悔しているのです。

少し長くなりますが、経緯をご説明しましょう。父が社長だった2007年、タニタは歩数計や血圧計、体組成計などで得たデータを、USBを介して専用サイトに転送し、パソコンやケータイで健康管理をするという、いまのIoTやビッグデータ時代の先駆け的な商品・サービスの提供を始めました。ところが当時は全く世間に受け入れられず、このサービスを運営する子会社の業績は低迷していました。

そこで私が社長になった時、なんとか使い勝手を改善する方策を探ろうと、全社員に

『業務命令』として無理やりこの商品とサービスを使わせたのです。すると思いがけないことに、社員の平均体重が3・6キログラム減り、平均体脂肪率も1・7ポイント下がりました。そこでピンときて調べてみると、社内の医療費が1割近くも減っていました。

その結果、このプログラムは、企業の取り組み事例として厚生労働白書に2回（平成24年版と平成26年版）紹介されたほか、２０１３年には厚生労働省の『健康寿命をのばそう！アワード』で厚生労働大臣最優秀賞を受賞しました。また、このプログラムと並行して展開したタニタ食堂も含めた健康経営の取り組みが安倍晋三首相の成長戦略のスピーチで取り上げられるなど、世間的にも注目されました。

そこで、自社だけの取り組みにとどめておくのはもったいないと企業・自治体向けにパッケージ化したのです。

その際、名称に関しては、タニタがつくったのだから「タニタ健康プログラム」でいいだろうと安易な発想でネーミングを決定してしまいました。実際には、さまざまな企業・自治体に活用していただける汎用性の高いプログラムであり、なおかつ、日本全体の医療費適正化にも貢献できるというインパクトを持った仕組みなのですが、「タニタ」を冠してしまったが故に、名称からその汎用性・普遍性が伝わらない――。

そんな私自身のじくじたる思いもあり、今回の弊社の働き方改革に関してはあえて「タニタ活性化」ではなく「日本活性化」のプロジェクトと名付けました。**もちろん、健康プログラムと同様に、自社だけでなく他の企業や日本全体の活性化にも寄与できればという切なる願いを込めています。**

「9時5時」の発想ではAI時代を生き抜けない

2017年から実践を始めた弊社の「日本活性化プロジェクト」は、残業削減中心の改革とは真逆の発想です。この試みを世に問うことで、真に日本を活性化するためにすべきこととは何かを、多くの経営者やビジネスパーソンに問いかけたいと考えています。

残業削減にばかりこだわる発想は、個人の「成長」や「モチベーション」という面でも大きな問題です。私はこれまでの人生で、新人当初から毎日9時5時で働いて、すごいビジネスパーソンになったという人には、残念ながらお目にかかったことがありません。

経営者や起業家はもちろん、弊社の社員でも他社の社員でも、「この人はデキる」「いい仕事をするな」と感心するような人はみな、時間を忘れて仕事に没頭した経験を持っています。

それは「やれ」と言われたからではなく、「画期的なプロダクトやサービスを世に出したい」という情熱、あるいはビジネスパーソンとして自分は「こうありたい」「成長したい」という思いに突き動かされてのことです。

「働き方改革」議論で、残業＝悪のイメージが強くなったせいか、就職活動で、残業の有無を気にする学生が増えたとも聞きます。もちろん無駄な残業をせず、効率よく働き、仕事以外の人生を充実させるのは大事なことです。

でも、これから社会人としてさまざまな経験を積んでいこうという最初の段階から「1日8時間きっかり、やれといわれたことだけやります」という姿勢で、ビジネスパーソンとして過ごし、「人生100年時代」を生き抜いていけるでしょうか。

ましてや、これからますますAI（人工知能）が台頭し、時間できっちり終わるような「定形型」の仕事はどんどん駆逐されていきます。「与えられた仕事をきっちりこなす」能力よりも「自ら仕事を生み出していく」能力をつけ、「自分はAIにはできないこんな価値を提供できます」という強みを積極的にアピールしていかなければなりません。

そんな時代に「何時間働くか」ばかりに気を取られていて、大丈夫でしょうか。

残業削減＝健康経営ではない。重要なのは「主体性」

重ねて申し上げますが、私は長時間労働を礼賛しているわけではありません。

私が本書で企業経営者やビジネスパーソン、特に若い方に訴えたいのは、「働き方改革」を論じる時に「時間」だけでなくもっと「主体性」の問題を考えましょうということです。

弊社は社員食堂で健康的なメニューを提供したり、社内で「タニタ健康プログラム」を実施したりするなど、いち早く「健康経営」に取り組んできました。けれども私は、残業削減＝健康経営ではないと思っています。働く人の心身の健康状態、ひいては企業の経営状態をも左右するのは、働く時間の長短以上に、いかに主体性を持って働けるかではないでしょうか。

特に主体性とメンタルヘルスは密接に関係します。同じ時間働くのでも「やらされている」と感じれば、ストレスも溜まるでしょうし、それが度を過ぎればメンタルを病んでしまうケースもあるでしょう。そんな社員を多く抱えている会社に成長は望めません。反対に「この仕事をやり遂げたい」「自分の能力を伸ばしたい」と主体的に仕事に取り組むことができれば、人はやり甲斐や、自身の成長を感じることができます。

もちろん、壁もあるでしょうが、主体的に定めた目標であれば、それをも乗り越えていけます。限られた時間に最大限のアウトプットを出そうという意識も高まり、働き方にメリハリもついてくるでしょう。そういう主体性を持つ人が多い職場は活性化し、企業も成長するはずです。

だとすれば、私たちはこれから、どうしたらより多くの人が、主体性を持って働けるようにするかを真剣に議論しなくてはなりません。**人事制度、もっと言えば、会社と働く人の関係性そのものを根本的に見直していくべきです。それをやってこそ、真の「働き方改革」なのだと思います。**

真の「働き方改革」を目指す「日本活性化プロジェクト」

そうした考えのもと2017年1月1日からスタートしたのが、弊社の「日本活性化プロジェクト」です。詳しくは本書をお読みいただくとして、ここでは概略だけお話しします。

弊社では、希望する社員は「日本活性化プロジェクトメンバー」に手を挙げることができます。会社と合意すれば、メンバーは一旦退職して「個人事業主＝フリーランス」となります。ただし、個人事業主になったからといって、「どうぞ勝手に社外でご活躍ください」というわけではありません。

個人事業主として、弊社で働きながら仕事の領域を広げる意味で、弊社以外でも仕事を請け負っていくことができます。

「会社員」と「フリーランス」のいいとこ取り

この活性化プロジェクトのミソは、「会社員」と「フリーランス」のいいとこ取りだという点です。

個人のメリットとしては、会社が人件費として支払う総額（税・社会保障費込み）が同じであっても、手取り収入を大幅に増やすことができます。社会保障の面でも、弊社の社員時代と同等の保障内容を確保できる分だけのお金は「報酬」としてお渡しします。また一般に独立後すぐは、果たしてうまく仕事が取れるのか不安になりますが、個人事業主に移行後は少なくとも向こう3年は、弊社の仕事を確実に請け負えるよう保障します。

その間に、さらなる飛躍のために勉強するのもよし、少しずつ外の仕事を請け負うのもよし。個人事業主として力を発揮しながら、社員時代ではできなかった領域にもチャレンジすることができます。

そうして足場固めができた後に、弊社の仕事を続けるか否かは本人次第。タニタの仕事を引き続き100％やります、という人もいれば、タニタの仕事を90％・外の仕事を10％、あるいは半々でやるという人がいてもいいのです。

そして何より、働く時間や場所にとらわれず、自分自身で主体的に働き方や人生全体をデザインできる。これが個人にとっての最大のメリットです。

会社側にも大きなメリット

会社側として一番期待しているのは、働く人のモチベーションが上がることです。実際、弊社のこの制度を使って個人事業主に移行したメンバーは現在、非常にやり甲斐をもって働き、自ら仕事をつくり出す喜びや、自身の成長を感じているようです。タニタの仕事と並行して、社外の仕事を請け負っているメンバーもいます。

社外の仕事を請け負えるということは、労働市場で求められる優秀な人材であるという証でもあります。彼らが社外で得たスキルや人脈をタニタの仕事にも還元してくれ、会社もさらに成長できるのであれば、これほどありがたいことはありません。

私はこれからのビジネスパーソンは、成長のために自己投資を行っていく時代になると考えています。

従来のように終身雇用が前提の時代は、社員の教育の責任は会社が負っていました。「ポテンシャル採用」という言葉があるように、日本企業は従来、働いた経験もなければスキルもない学生を「どのくらい成長しそうか」というポテンシャルのみで採用し、時間とコストをかけて教育していました。それが可能だったのは、生涯1社で勤め上げてくれるという前提があったからです。

しかし、もはや終身雇用という大前提が崩れてきています。いま就職活動をしている学生の7割は、将来の転職を視野に入れているそうです。そんな時代に、会社が全社員に、終身雇用を前提とした研修をやり続けるのは意味がないし、コスト的にも耐えられないでしょう。

弊社の活性化プロジェクトメンバーの場合、ビジネスパーソンとしての基礎は、もちろん社員時代に学びます。それをベースに個人事業主に移行後は、手取り収入を増やしながら、自ら必要に応じて自己投資し、成長していく。終身雇用が当たり前の時代、会社と社員は親子のような関係でした。これからは会社と、主体性を持ち自ら成長する個人とが、より対等な関係を結ぶ時代になっていくと思います。

……と、ここまでお読みいただいた読者の頭には、さまざまな疑問が湧いていることでしょう。そんな、会社員とフリーランスのいいとこ取りだなんて「うまい話」が本当にあるのだろうか。個人や会社にデメリットはないのか――。そのあたりを含め、この制度が生まれたプロセスや、制度の詳しい内容については第1部で説明しています。

また実際に活性化プロジェクトのメンバーに手を挙げた人たちが、いまどんな働き方をしているのか、収入はどうなったのか、モチベーションはどう変わったのか——。これについては第2部で4人の実例を紹介します。

ちなみに、このインタビューについては、人選や中身に関して私は一切タッチしていません。彼ら・彼女らも社外のインタビュアー相手に自由に話していて、社長の私でさえ知り得なかった本音を吐露しています。

また、彼ら・彼女らの所属する部署のトップや役員による「誌上座談会」も収録しています。ここでも本音トークが飛び出し、「課題」を含めた現状が語られています。

巻末資料では、制度の詳細を知りたい方のために、図表を交えて、ポイントを解説しています。社員の時と、活性化プロジェクトメンバーになってからの収入構造の違いや、個人事業主になることで具体的に手取り収入がどのように変化するかなどのシミュレーションも載せていますので、経営者や人事担当者には参考にしていただけると思います。

最後に、活性化プロジェクトメンバーの意識や会社組織全体が活性化プロジェクト開始前と後でどう変わったのか、私たちの主観や感じ方だけでなく、外部の人事コンサルティング会社に客観的に評価・分析してもらいましたので、その結果を掲載しています。

議論のたたき台に

「日本活性化プロジェクト」は、弊社の中でも実践を始めたばかりで課題も多々あります。本書では、そうした課題も含めて、ありのままの現状を書いています。

まだまだ発展途上の仕組みですが、**タニタ発の「日本活性化プロジェクト」には、真に組織を活性化し、ひいては日本全体を活性化するヒントがあるはずだと自負しています。**

本書が「時間」にとらわれない本当の意味での「働き方改革」を議論する上でのきっかけになれば、これに勝る喜びはありません。

また、働き方についてさまざまな改革をされている方々から、「こんな方法もある！」とご教示いただければ幸甚です。

2019年6月　谷田千里

タニタの働き方革命　目次

第1部 「日本活性化プロジェクト」誕生への道のり

第5章 本格始動　次のステージへ

第2部
働き方、意識はこう変わった
――「日本活性化プロジェクト」現場からの生報告

2 日本有数の技術者が感じるメリット
――西澤美幸（開発部主席研究員） 118

3 営業から企画へ、生まれた新たなやりがい
――久保彬子（ブランド統合本部 新事業企画推進部） 137

エピローグ——日本のビジネスパーソンを元気にしたい！ 185

TANITA

Work
Style
Reform
of
TANITA

［第1部］

「日本活性化プロジェクト」誕生への道のり

第1章
それは不安から始まった

悪夢にうなされた最悪の船出

タニタは私の祖父、谷田五八士《いわじ》が1944年に設立した会社です。もとはシガレットケースやモーター、ライター、トースターなどの製造を行っていましたが、高度経済成長期に入るとヘルスメーター（体重計）の製造を手がけるようになりました。

1987年に父の大輔が社長になると、世界初の体脂肪計の開発に成功。ヘルスメーターの出荷額で世界ナンバーワン企業となりました。

私が父からバトンを受け取ったのは2008年。あのリーマンショックが起きた年です。世界経済は大混乱に陥り、バブル崩壊後の低迷から立ち直ろうとしていた日本経済にも衝撃が走りました。

ちょうどその頃、弊社の業績自体も悪化の一途を辿《たど》っていました。体脂肪計のヒットで一時的にシェアは急拡大したものの、その特許も切れ、競合各社に売り場がどんどん奪われていったのです。さらに成功体験にあぐらをかき、社内には前例踏襲主義が蔓延《まんえん》。新しいことへの挑戦を嫌う傾向が強まっていました。

こうした状況の中で、社長に就任した私は毎晩、こんな夢を見ました。

「いきなり会社を潰してしまい、本当に申し訳ございません」

私は債権者や社員を前に土下座しています。汗でぐっしょり濡れた額を床に擦り付け、ひたすら謝りますが、私を罵倒する声は止むことがありません。

「申し訳ありません。申し訳ありません……」

お詫びの言葉を繰り返しながら、ハッと目覚めた私は、本当に全身汗だくでした。夢であったことに胸をなでおろしながら、ベッドの上で「私の代で会社を潰すようなことは絶対にしない」と誓いました。

最悪の事態を回避するには

「会社を大きくしたい」ではなく「会社を潰さない」というかなりネガティブマインドでスタートした私は、「最悪でも、タニタの現時点での利益や資産を減らさずに、次の世代に引き継ぐにはどうしたら良いのだろう」という問いを、絶えず頭の中で繰り返すようになりました。

そして、従来のやり方を「改善」するだけでなく、会社という組織のあり方そのものを根本から見直さなければ、この先、生き残っていけないという思いを強くしたのです。

それが「日本活性化プロジェクト」の原点となりました。

ここで当時、私が頭の中で行っていたシミュレーションの内容をお話ししておきましょう。いきなり話が大きくなりますが、会社経営に大きな影響を及ぼす日本経済全体の先行きから――。

これから日本が直面する最大の課題は、なんといっても少子高齢化です。日本では2008年の約1億2800万人をピークに人口が減り始め、少子高齢化と労働人口の減少が同時進行しています。増え続ける社会保障費で、財政がこれまで以上に圧迫されていくことは間違いないでしょう。

仮に財政再建が思うようになされない場合、最悪のシナリオとして考えられるのは、増税です。消費税や所得税、さらには法人税まで上がるかもしれません。

企業経営者にとって、特に法人税の引き上げは大打撃です。法人税が上がれば、仮に売上が現状維持であっても、いまと同じ利益を出すのは難しくなるでしょう。最低限、同等の利益を確保するにしても、相当額の売上を積み増さなければなりません。

さらに、たとえ同じ利益を確保できて分配したとして、所得税が上がっていれば社員の手取り収入は減ってしまいます。そこに消費増税も重なれば、社員の生活は立ち行かなくなってしまいます。

そんな事態に陥った時、最も懸念されるのは人材の流出です。社外でも食べていける優秀な社員ほど我先にと「タニタ号」という船から脱出していくに違いありません。

彼らにも生活がありますから、無理に引き止めるわけにはいきません。さりとて無策のままでは、船は沈んでしまいます。

「報われている感覚」

どうしたら、優秀な社員にタニタで働き続けてもらうことができるのか——。

私が考えたのは、彼らの「報われ感」を最大にするという方策です。

「報われている」と感じる要素としてはさまざまなことが考えられますが、最も大きいのは、自分の能力がしっかりと評価され、「貢献に見合った報酬が十分に得られている」と実感できることでしょう。

さらに、優秀な社員であればあるほど、会社に「働かされている」のではなく、自ら主体的に「やりたい」と思える仕事ができていることや、成長できる環境があることを重視するはずです。

時間についても、何時から何時まで働くのか会社から決められるのではなく、自分の裁量で決められたほうが、主体的な社員の満足度は高まるでしょう。今後は育児や介護など、時間的な制約を抱える社員も多くなるでしょうから、時間を自分でコントロールできることは、ますます大切な要素になるはずです。

羽振りがよかった小さな会社の〝ぼんぼん〟たち

「報われ感」の最大化の中で、最も重要かつ会社としてハードルが高いのは、社員の手取り収入の最大化です。そこで私がふと思い出したのは、付き合いのある企業経営者の息子さんたちのことでした。

私の父は、世界初となる体脂肪計を開発・販売し、零細企業でかつ赤字だったタニタをヘルスメーター出荷額で世界ナンバーワンの企業へと成長させた立役者です。私の自慢の父です。しかし自分が贅沢をすることにはほとんど興味がなく、私自身も、特に我が家が裕福だと感じることはあまりありませんでした。

そして、友人と一緒に遊んでいても、売上規模がはるかに小さい企業の息子さんたちのほうが、羽振りが良いように感じていました。両親は車を取っ替え引っ替え、常に最新のモデルに乗っているような友人もいました。

若い頃はそれがなぜなのかわかりませんでしたし、「羨ましいなぁ」程度にしか思っていなかったのですが、**調べてみると個人事業主というのはビジネスに必要な費用を経費として計上できることで、かなり税務メリットがある**ことがわかりました。

優秀な人材には個人事業主になってもらう？

この経験と結びついたのが、タニタで働き続けてもらいたいと思う人材が、「個人事業主」になるというアイデアです。会社が支払う給与や社会保険料などの総額が同じだとしても、彼らの手取りを増やすことができるのではないかと考えました。

例えば手取りで年収1000万円の社員を雇うのに、会社が負担する人件費の総額は社会保障費や経費を含めると1・6倍程度、約1600万円です。

もし会社が同等の金額を個人事業主に支払ったとしましょう。彼らは通信費や交通費、交際費、自宅を事務所として使うのであれば家賃の一部なども、経費として計上できます。そうすることで課税所得が減ります（課税所得＝売上－経費－各種控除）。

すると税率も低くなる。うまくいけば、手取り年収を100万円以上増やせるはずです。

もし「タニタ号」の調子が悪くなれば、優秀な社員から会社を去っていこうとするでしょう。義理や人情で残ってくれる社員もいるかもしれませんが、やはり最後は報酬＝お金です。その際、少なくとも収入の手取り額を維持できれば、会社に残って業績回復の手助けをしてくれるかもしれない――。

しかし、社員本人が勝手に独立するのではなく、**会社側が社員のいわゆる「個人事業主化」を積極的に支援し、仕組みとして導入する**なんてことが、現実的にできるのだろうか――。私の漠然とした構想はそこで止まったまま、2014年を迎えました。

いきつけの美容室で

2014年の夏、私はメディアトレーニングなるものを受けました。健康総合企業としてのタニタをアピールしようと企画したレシピ本『体脂肪計タニタの社員食堂』が2010年に大ヒット。「実際に食べてみたい」というお客様からの声に応えて2012年には「丸の内タニタ食堂」をオープンしたこともあり、メディアに出る機会も増えていました。

そこで取材や記者会見の時の立ち居振る舞いについて、イメージコンサルタントなどの専門家からアドバイスをしてもらうことになったのです。

「まだ40代前半で社長としては若い部類に入るのだから、もっとフレッシュさを出すために髪形を変えたほうがいい」

そう言われて、美容室「パームス」（東京都渋谷区、代表・染谷太）を紹介されました。そしてそこでの出来事が、当時ぼんやり考えていた「社員の個人事業主化」の構想を大きく前進させることになります。

それは2015年の秋、いつものようにその美容室に行った時のことでした。店長とは同じ経営者ということもあり親しい仲になっていたので、世間話の一つとして「今、こんなことを考えているんだけど」と私の構想を話しました。

その話とは、当時「社員の個人事業主化」の基本構想は出来ていたものの、推進のための手助けが必要であり、そのため、私の前職である船井総合研究所時代の人脈を頼って問い合わせをしていました。その中で、大阪に個人事業主化を後押しするコンサルティングをしていた先輩がいたことがわかりました。しかし、その先輩はすでに退職しており、もう少しのところでコンタクトがとれず、この構想が止まったままの状態だということです。

すると店長は、**この店のスタイリストたちは、実は個人事業主として独立して、なおかつ以前と同じようにこの店で働き続けている**というのです。しかも、これをサポートしている会計事務所の税理士が、探していた先輩と共に仕事をしていたことがわかりました。

驚いた私は、すぐにその会計事務所を紹介してくれるように頼みました。

会計事務所の説得に一苦労

教えてもらったのは、大阪にあるエムアンドエム税理士法人の松成文貴税理士と松岡成臣ゼネラルマネージャーです。私は大阪の事務所まで出向き、相談に乗ってもらえるようお願いしました。

ところが

「いや、美容業界と御社とでは全く条件も規模も違いますから……」

と取り合ってくれません。

それでもしつこくお願いすると、

いったんは「わかりました」と言ってくれたのですが、その後、音沙汰はなし。

しびれを切らした私は再度、直談判に行きました。

「先生、こちらは至って本気です！　なんとか制度作りに協力してくださいよ」

私のあまりのしつこさに、エムアンドエム税理士法人の二人も根負けしたようで、ようやく制度の具体的な検討が始まりました。

「日本活性化プロジェクト」の詳細に入る前に、第2章ではエムアンドエム税理士法人の松岡成臣ゼネラルマネージャーに、同法人が活性化プロジェクトの制度設計に参画されたいきさつについて、お話していただきましょう。

第２章
谷田社長と始めたチャレンジ──松岡成臣氏は語る

いたずら電話？

「株式会社タニタ社長の谷田と申します。一度お話を聞かせていただきたいのですが……」

携帯の留守番電話に吹き込まれたメッセージを聞いて、私はてっきりいたずらか間違い電話だと思いました。こちらは大阪の小さな税理士法人ですし、まさか東京の有名な会社の社長が直接電話してこられるなんて、思いもしませんでした。

３回くらいかかってきたので、番号間違いだろうと取り合わなかったのですが、そのうち事務所あてに谷田社長の部下の方から「谷田が連絡を取ろうとしているのですが、お電話を取っていただけないでしょうか」というメールが来て、ようやく、ご本人からだと気づきました。

ひとたび電話でお話しすると、そこからの谷田社長は電光石火の早業で、数日後の朝8時には大阪の事務所に一人でやって来られました。そして単刀直入に「いきつけの美容室で聞いたのですが、弊社でもその個人事業主への移行制度を導入したい」と切り出されたのです。

「いきなりこの社長は何を言っているのだろう」

頭の中はクエスチョンマークだらけです。

美容業界の悩み

我々は税務の他にコンサルティングを手がけており、特に美容業界にクライアントさんが多くいます。確かに、美容室から経営相談を受け、スタッフの方が個人事業主として独立する形を推奨してきましたが、タニタのような規模の会社での導入は、全く想像もしていませんでした。

なぜ、美容業界でこのような仕組みが有効なのかを少しご説明しましょう。

美容室では、新人が入社するとアシスタントからスタートします。修業を重ねてスタイリストになるまでに2〜3年、遅いところですと4〜5年はかかります。その間、一切その人には売上がつきません。

美容業界は競争も激しいですし、昨今は人手不足で経営が苦しい会社も少なくないのですが、そうした厳しい環境のもとでも、売上がつかないアシスタントを何年も雇い続けなければなりません。

しかも、ようやくスタイリストにまで育て上げても、指名と売上がつくようになると、今度は独立して、お客様をごっそり連れて出て行ってしまうケースが非常に多いのです。店側としては、売上が一気に落ちますから、ますます苦しくなります。どんなに条件を良くして囲い込もうとしても、結局は腕のいい人ほど辞めていってしまう。それが多くの美容室に共通する悩みでした。

業務委託という形態

そこで、美容師にも還元ができて、会社も潤うような方法はないものかと考え、思いついたのが、**「美容師はスタイリストになる段階で個人事業主として独立し、美容室と業務委託契約を結ぶ」**という形態です。もちろん強制ではなく、本人の意思で社員のままがいいのか、独立するのかを選べる選択制です。

1人前になって独立したスタイリストには、売上を生まないアシスタントを雇ってもらい、その分の人件費を持ってもらいます。他に材料費なども負担してもらいますが、スタイリストとして腕を上げていますから、彼らにはしっかり売上があります。

そうやって稼いだ分は、会社側がどーんとスタイリストに支払うわけです。なおかつ、店舗で利益が出た分は全員に還元するような仕組みを作れば、みなさん本気でいろいろと工夫を始めます。

いままであまり目が向かなかった経費の削減などにも積極的に取り組んでくれるので、会社も一気に利益が出るようになり、場合によってはV字回復するといったケースもあるのです。実際、アドバイスをした美容室の多くが、その手法で経営を改善することができました。

個人のモチベーションが上がる効果は予想以上でした。頑張れば独立を支援してくれる会社なのだとわかると、経営側に対する信頼感も高まるので、皆さんなかなか辞めなくなる。そんな副次効果もありました。

社長の情熱に根負け

ただ、美容業界は美容師個人にお客様がつくので、この仕組みが有効なのですが、タニタさんのような規模で、しかも業界の特性も全く違う会社で、同じ仕組みが適用できるのか、まったく未知数です。ですから谷田社長には最初「無理です」とお断りしました。

個人事業主になるには、いったん「退社」の形をとりますから、ともすれば人員削減だと誤解されかねません。それをタニタさんの規模の会社がやるのは、社会的にもリスクが高いのではないかと申し上げました。

ところが、谷田社長は諦めません。何度も事務所に足を運び、「なんとしてでもやりたい」とおっしゃるのです。

「社会情勢を考えれば、『全員雇用』という形を維持していたのでは、会社も個人も共倒れになる。お互いにウィンウィンになるためには、この仕組みしかないと思う。一緒にチャレンジしてほしい」

そう何度も熱く語られました。徐々に、社長のおっしゃることとは、私自身の考えとも合致することもわかってきました。世間ではその頃少しずつ「働き方改革」に関する関心が高まっていました。しかし私は、会社から言われて「やらされる仕事」は結局、社員本人には面白みが感じられないので、どんなに労働時間を短くしたり、休みを増やしたりしても、モチベーションは上がらないのではないかと思っていたのです。

これだけテクノロジーが発達してくると、オフィスに社員全員が毎日出てくる必要もありません。「やらされる」のではなく、一人ひとりが自分のできることを会社に提案し、対等な立場で会社と向き合っていく。プロジェクトごとに人が集まって、アイデアを出し合い革新的なことをやっていくような時代になっていくだろうという思いもありました。

谷田社長と話し合いを重ねる中で、そのあたりの考えが完全に一致していることがわかってきました。それで最終的には、一緒に制度作りにチャレンジすることを決意したのです。

さて、ここでバトンを谷田社長にお戻しします。タニタさんでどんなふうに制度がつくられ、導入されてきたのか。第3章以降は、再び社長自らお話いただくことにしましょう。

第3章

制度設計開始

総務部長はポカーン

エムアンドエム税理士法人の協力が得られることになり、2016年初頭からいよいよ具体的な制度設計をスタートしました。まずは人事を取り仕切る総務部長を説得しなくてはなりません。

早速、私は彼を呼び、これまでの経緯と現段階でのアイデアを滔々《とうとう》と話しました。しかし、前のめりの私とは対照的に相手はポカーンと、まるでキツネにつままれたような顔をしています。顔にも思い切り「わっかんねぇなあ」と書いてあります。

言葉を換え、何度も説明しましたが、理解は一向に得られません。いろいろと考えた末、こうなったら「論より証拠」だと思った私は、彼の家にある領収書を全部持ってくるように命じました。それで実際に手取り年収がどうなるのかを、エムアンドエム税理士法人にシミュレーションしてもらったのです。

すると彼の場合、やはり100万円以上手取りが増えることがわかりました。彼自身、私から話を聞いた時点では「そんなにうまい話があるのか」とかなり疑っていたようですが、数字を見て納得してくれました。

そこからは総務部長との二人三脚です。まず、この制度の対象者を誰にするのかから話し合いました。私としてはまず、本社勤務の200人強の社員を対象に、職種も限定せずにこの新しい制度への参加を呼びかけたいと考えていました。

最初に申し上げたように、制度導入によって会社全体の組織のあり方を見直したいという思いがありましたから、一部の職種だけに限定はしたくなかったのです。

ただし、参加するかしないかはもちろん選択制です。「本人が希望し、かつ会社側と合意ができた人のみ」という方向性が定まりました。

取り組みやすい職種は？

基本的に職種は限定しませんが、具体的に個人事業主として独立しやすい社員とは、どんな人たちなのでしょうか。

一般的にフリーランスで働く人が多いのは、個人の能力や専門性が重視される職種です。クリエイティブ系ならばカメラマンやライター、デザイナー、ＩＴ系であればプログラマーやエンジニア、ウェブデザイナーなどです。弊社内にもエンジニアやデザイナーがいますから、彼らが個人事業主として弊社と業務委託契約を結んでもらうのは、それほど難しくはないだろうと考えました。

能力を高めれば、他社の仕事を請け負うこともでき、収入アップや、さらなるスキルの向上にもつながります。仕事の内容や範囲、成果物も比較的明確ですから、どういう仕事に対していくらの報酬なのかの取り決めもしやすいはずです。

では、従事している社員も多い営業はどうでしょうか。保険業界などには営業を専門とする個人事業主がかなりいます。経費として、交際費や移動にかかる交通費なども計上しやすいので、営業職で独立というのは弊社でも「あり」だろうと考えました。

総務職や企画職でも可能？

一方、難しいのは総務や企画系の職種です。

例えば経理担当者が個人事業主になる場合、その人の売上はどうやって決めるのか。営業などの職種と違って成績が数字に表れるものではないので、評価も簡単ではありません。

よく言われるように、日本企業の多くは欧米企業に多い「ジョブ型雇用」に対し、「メンバーシップ型雇用」を採用しています。タニタもこれまで基本的には「メンバーシップ型」でやってきました。

「ジョブ型」は、職務の内容や、範囲、求められるスキルや資格、勤務地などを詳細に記述した「職務記述書」（ジョブディスクリプション）をつくり、その職務が遂行できると判断した人を雇う仕組みです。給与も職務記述書をもとに決定しますし、評価も記載された職務をきちんと遂行できたかどうかで判断します。

一方、「メンバーシップ型」は終身雇用を前提に、職務や勤務地を限定せずに一括採用し、社内でさまざまな仕事やポストを経験しながら育てていく仕組みです。幅広い業務に柔軟に対応できるジェネラリストを育てるには適していますが、職務が明確でないために評価基準も曖昧になります。

給与も、その時に従事している具体的な業務とは直接関係なく、年功序列が基本です。「A部門の課長」という同じポストでも、入社10年目の社員が就く場合と、15年目の社員が就く場合では5年間の勤続年数分の差が出てくるわけです。

個人事業主と会社が「業務委託契約」を結ぶには、どんな業務を請け負うのかを明確にし、それに対する報酬額を決めなくてはなりません。いわば「ジョブ型」の「職務記述書」に近いものを作成するわけですが、特に総務や企画といった職種の場合、これまで仕事の範囲や成果の評価基準がそもそも曖昧なので、報酬と連動させるのはそう簡単ではありません。そこをどうクリアすればよいのかが最大のネックでした。

また、教育訓練にかかるコストも課題です。従来の終身雇用制度では人材育成はある程度、会社が負担していました。しかし、個人事業主となると、その業務に必要になるスキルや知識についてわかっているのは個人事業主本人です。

自らが学んで身につけたスキルや知識は、将来業務を通じて発揮され、その対価として高い報酬を得ることにつながるという側面もあり、教育コストの配分に関しては、さまざまな意見があります。

社員時代の給与・賞与を報酬のベースに

そこで、すべての職種を対象とするための打開策として出てきたのが、**個人事業主になる前年の残業代込みの給与・賞与を業務委託報酬のベースにする**という考え方です。

「日本活性化プロジェクト」においては、独立して個人事業主になるといっても、いきなり外に飛び出すわけではなく、基本的には弊社での業務を中心に担ってもらうのが前提です。

これまでとほぼ同等の仕事をするのであれば、報酬がいきなり増えたり減ったりせずに、前年の給与・賞与をベースにする方が、働く側からみても納得感が大きいでしょう。

もちろん、個人事業主になってどんな風に仕事をしたいかは個人によって異なります。中には、仕事量を1～2割減らして、将来に向けて新たに勉強をする時間に充てたいと考える人もいるでしょうし、より社外の仕事を積極的に増やしたいという人もいるでしょう。その場合は、個別に話し合えばいいわけです。

委託内容については本人と会社側が面談し、双方が納得する形で「業務委託契約書」を作成します。**その過程で、従来の社員という立場では曖昧になりがちだった仕事の範囲や評価基準、報酬との関係も、しっかり定義し直すことができます。**

また、当初の契約期間は3年にしようと考えました。ただし、その期間中にも、業務委託内容の見直しが必要になることもあるでしょうから、契約は1年ごとに更新することとしました。

シミュレーションを重ね、手取り額を最大限に

エムアンドエム税理士法人には、手取り収入がどう変化するのか、いくつかのパターンでシミュレーションをしてもらいました。

すると、社員時代の給与所得控除より、個人事業主になった後の経費が少ないと、手取り収入は減ってしまうことがわかりました。もちろんトントンだったり、大幅増になったりといろいろなパターンがあり得ます。

手取り収入が減ることが明らかな場合は、独立を本人が望まないでしょう。ですから

手取り収入がトントン以上になるケースについて、それを最大限増やすためにはどうすれば良いか、改めて検討しました。

その結果、「日本活性化プロジェクト」では、これまで会社が負担していた社会保険料も含め「人件費」として計算していた総額をベースに、個人事業主となった個人にキャッシュで支払うのがベストだという結論に至りました。

この点についてはもう少し詳しく説明しましょう。個人事業主になると、それまで会社で加入していた厚生年金や健康保険から抜けて、自分で国民年金や国民健康保険に加入し直す必要があります。

この二つは強制加入ですが、他にも労災・疾病手当に代わる「所得補償保険（就業不能保険）」や「退職金」に代わる「小規模企業共済」、個人型の確定拠出年金、民間の個人年金などの中から、自分に必要なものを選んでいく必要があります。

個人事業主になるかどうかを考える際、多くの人が懸念するのは、この点です。「会社員なら自動的についてくるさまざまな社会保障が手薄になるのではないか」「自分でその手立てをするなんて大変そう」と考えるからです。

逆に言えば、その不安が取り除かれれば、個人事業主になるハードルはかなり低くなるはずです。弊社としても今回、社員の個人事業主への移行制度を取り入れる第一の目的は、個人の「報われ感」を最大にし、優秀な人材には引き続き弊社に貢献してもらうことです。そのための手取り収入最大化なのですから、社会保障部分についても不安を抱かせないようにしたいのです。

そうした会社としての意思、姿勢を示す意味でも、会社が負担していた社会保障分も合わせて個人事業主に支払うのがベストだと判断しました。

「基本業務」と「追加業務」

社員が個人事業主になることを希望し、会社も合意したら、次は業務委託契約の締結へと進みます。契約で特に重要なのは、どんな仕事をしてもらうのかという「委託業務」と報酬額の取り決めです。

個人事業主になると、その直前まで社員として取り組んでいた基本的な業務以外に、他の部署から新たに仕事を頼まれるケースもあります。

したがって、業務内容は「基本業務」と「追加業務」に分け、「追加業務」を請け負う

場合は、その分の報酬を「成果報酬」として上積みすることとしました。

また「基本業務」でも、想定以上の成果を上げれば、その分は成果報酬に反映させます。頑張りがきちんと報酬面でも報われるようにすることで、モチベーションアップにもつながるでしょう。

従来のメンバーシップ型企業では、業務内容が曖昧であるがゆえに、「同じ給与なのに、次々に新たな業務が付け加えられる」といった事態が起こり、働く側も不公平感や不満を持ちやすい面がありました。それを、個人事業主への移行を機に業務内容を「基本業務」と「追加業務」とにしっかりと分け、一つひとつの仕事にきちんと「値付け」するという発想です。

付け加えて言えば、会社の中で「この仕事はいくら」という相場観が形成されていく効果にも期待しています。これまでは社員に「悪いけどちょっとこれもお願い」と気軽に頼んでいたことも、「仕事」として発注することになると、頼む側も金額を意識するようになるでしょう。

社外に発注するのと、社内にいる個人事業主Aさんに発注する場合の金額の比較もできます。Aさんも、あまりに高くふっかければ仕事は取れないわけで、お互いに「相場観」がつかめてくるでしょう。

そうしたことが積み重なっていけば、いまは社員でいる人にも「この仕事のスキルを高めてプロになれば、独立できる」という希望を与えることにもつながります。

会社全体としても「ジョブ」と「それに対する報酬」が明確化していくので、「ジョブ型雇用」への移行もスムーズに進むと考えられます。

働く時間は自分次第

さて、次は働く時間についてです。

個人事業主として独立するのですから、基本的に働く時間の制約もなくなるのは当然です。24時間をどう使うかは、すべて当人次第。**法律上でも、業務委託契約においては、発注者である会社が、出退勤や勤務時間の管理を行うことは禁じられています。**

労働基準監督署も、表向き「請負」の形をとりながら、実態は時間管理も含めて指示命令系統の下で働かせる「偽装請負」には常に目を光らせています。

自己裁量ですから、業務委託契約書に書かれている業務をきちんと遂行できるのであれば、週休3日、4日でも構いません。極端なことを言えば、ある期間は週末も含めて集中的に働き、その後1カ月のまとまった休みをとって旅行をすることも可能なのです。

思い出したAさんとのやりとり

働く時間が自由に決められる、という点に関して、私には思い出した人物がいました。それは弊社の社員Aさんです。当時、新卒で入社間もない営業担当の彼にこう言われたことがありました。

「上司からとにかく残業はするなと言われます。でもこういう働き方で、自分は成長できるのか、将来のことを考えると不安です」

聞けば、彼は両親が一生懸命働く姿を見て育ち、子どもながらに、両親が仕事に対してやり甲斐を持っていることを誇りに思っていたそうです。だから彼自身、「社会人になったら、頑張るぞ！」とかなりやる気満々で入社しました。

ところがいざ働き出してみると、残業はせず定時で帰ってくれと言われる。すっかり出鼻をくじかれてしまったようでした。

彼の焦る気持ちは十分理解できます。**早く一人前になるために頑張りたくても、頑張らせてもらえない。**なぜだ？　と言いたいのでしょう。

ただ弊社も、「働き方改革」の流れの中で、残業を減らす取り組みを強化してきましたから、さすがに「残業していいよ」とは言えません。ですから彼にはこう言いました。

「社長の立場としては、残業はしないでとしか言えない。長時間労働で体を壊すようなことは君にとっても会社にとってもよくないので、それは絶対にしないでほしい。

ただ、ここからは社会人の先輩として言うよ。お客さんとの人間関係をつくるために、土曜日にお客さんの展示会に行きたいのなら行けばいい。定時以降で、忙しそうなお客さんのところで倉庫の整理を手伝ったって構わない。僕自身もそうやって努力してきたし、僕らの時代はそれが評価された。

ただ、残念ながらいまは状況が変わってしまった。上司からの評価が上がるわけでもないし、業務ではないので無給になる。『時間外で働くのはけしからん』と言われるかもしれない。それでも、自分がやりたいのであれば、『プライベートな活動』としてやってほしい」。

その時は、そう答えながらとても申し訳ない気持ちでいっぱいでした。でも、彼のように厳しい残業規制に不満を持ち、「もっと働いて成長したい」と考える人は、活性化プロジェクトの下であれば、思いっきり働けるわけです。

自分の仕事人生をトータルに考えた時、「ここが頑張り時だ」という時期は誰にでもあるでしょう。一方で、いきなりAさんのような新人が個人事業主になるのは難しいと思われるかもしれません。

ところが、入社2年目で活性化プロジェクトに参加したメンバーもいます。その後、このメンバーは外部のコンサルティング会社へと巣立っていきましたが、いまも声をかければ力を貸してもらえる関係を築いています。

やはり働く中で、いつか個人事業主として独立し、自分の裁量でここぞという時には頑張れるという選択肢があることが、やる気のある人にとっては希望になるのではないでしょうか。

能力開発のスピードが増す

加えて私は、この仕組みには個人の能力開発のスピードを増す効果があるとも考えています。個人事業主になると、これまで以上に社外の人と接する機会が増え、知識や人脈が広がる可能性が高いからです。

もちろん程度は人によって違うと思いますが、やはり、会社に依存せず自分の力でこれから生きていくのだという覚悟ができることで、学ぼうという意欲も高まるでしょう。また長時間働いても、社員時代と違って残業代が出ませんから、時間あたりのアウトプットを増やすインセンティブが働きます。生産性に対する意識も格段に高まるはずです。

それらの結果、社内にいる時よりも、能力開発のスピードが増す——。私はそう考えています。それは成長できる本人にとっては望ましいことであると同時に、生産性が上がるわけですから会社にとっても非常にメリットがあります。

働く場所も自由

さて、次は働く場所についてです。活性化プロジェクトで個人事業主になると、時間だけでなくどこで働くかも当然、自由になります。自宅やカフェでの作業の方が効率的であれば、毎日会社に来る必要もありません。子育てや介護のために、自宅をベースにしたほうが良い人には好都合でしょう。

ただ、「日本活性化プロジェクト」は、個人事業主として独立した後もタニタの仕事に引き続き関わってもらうことが前提です。当然、チームで働くことが多いので、業務によっては必要性や機密保持、効率性の観点から、オフィスに来て社員と同じような時間帯で働くケースもあり得ます。

そのような特殊な場合を除けば、仕事場所の選択は個人事業主側の自己裁量であって、会社側から指示することはありません。

個人のメリット・デメリット

さて、これで制度設計の大枠が決まりました。ここでいったん、社員が個人事業主になることによる個人のメリット・デメリットを整理しておきましょう。

〈メリット〉

●手取り収入が増える可能性が高い。

（計上できる経費が社員時代の給与所得控除額より少ない場合は、減ることもあります。ですから、独立するかしないかを決める際には、入念にシミュレーションをしてもらいます）

●年功序列によらない成果に応じた報酬が期待できる。

●会社が負担していた社会保障相当額がキャッシュで受け取れるので、本人の判断で各種保険に入り、社員時代と同等程度の保障を得ることが可能。

●請け負う業務が明確になる。本人の意思に反した業務内容の追加や部署の変更、転勤などがなくなる。

●業務委託契約は毎年見直すので、状況によって、仕事の内容や分量を変えることができる。

●社内の他の部署や他社からの仕事を請け負うことも可能になるため、報酬の上積みにつながる。これまで以上に幅広い仕事を経験することで、スキルの向上や能力開発にもつながる。

◉働く時間や場所を自分で決められる。行動の自由度が上がる。
「もう一度勉強するために仕事をセーブしたい」「子育てや介護に時間を使いたい」
「前年度は仕事に集中したが、今年度はプライベートを充実させたい」など
ライフステージに応じて、働き方に緩急をつけられる。
◉主体的なキャリア形成がしやすくなる。定年もないので、
本人が望めばいつまでも働ける。

〈デメリット〉

◉収入の安定が確保されない。
◉確定申告の手間がかかる。
◉自己コントロール力やライフプランニングの能力が問われる。

企業のメリット・デメリット

企業側のメリット・デメリットもまとめてみます。

〈メリット〉

●定年までの保障がなくなるので、働く人の「主体性」に磨きがかかり、緊張感を持って仕事をしてもらえる。

●「頑張った分だけ報われる」と感じてもらえれば、個人の利益と会社の利益が一致し、シナジー効果が期待できる。

●個人が社内外の仕事を新たに請け負うことによってスキル向上や人脈の広がりが期待でき、それが会社にもプラスの効果をもたらす。

●自由度の高さに惹かれて、優秀な人材が集まることが期待できる。

〈デメリット〉

●個人事業主として他社の仕事をすることを止められない。

●優秀な人材が流出するリスクがある。

決して人員削減ではない

ここでぜひ、強調しておきたいのは、「日本活性化プロジェクト」は、決して人員削減の手段ではないということです。

前にも触れたように、基本的には、個人事業主として独立後もタニタの業務に引き続き関わってもらうことが大前提です。そもそも、人員削減が目的であれば、こんなに面倒な制度設計などしません。

会社に貢献してくれる優秀な人材が、経済的なメリットを受けやすくし、より主体的に、生き生きと働けるようにすること。さらに彼ら・彼女らが、個人事業主への移行を契機に仕事の能力を高めたり、人脈を広げたりすることで、会社にもメリットがあるからこそ導入するのです。そこのところは誤解しないでいただきたいと思います。

自立をサポート、経営者感覚を持ってほしい

制度設計をしながら改めて思ったのは、経営者感覚を持つ人が増えてほしいということ

とです。独立して個人事業主になるということは、いわば一国一城の主になるわけですから、自分の時間や能力という「資源」をどう配分すれば、利益を最大化できるのか、自分でよくよく考えなくてはなりません。

経営者と同じく、長期的な視点も必要でしょう。雇用されている立場だと、とりあえずいまの仕事を頑張っていればそれなりに評価されて、出世できるかもしれません。一方で会社の都合で、不本意な転勤や配置転換を命じられることもあります。長期的なキャリア展望はかなりの部分、会社任せにならざるを得ません。

一方、個人事業主になれば、長期的なキャリアプランは自分次第。目の前の仕事を頑張るだけでなく、先々自分は何を目指すのか、どうありたいのかを常に考え、自らの仕事内容や働き方を設計していくといった発想が必要になります。

ただ、経営者感覚や長期的視点というのは、急に持てるようになるわけではありません。社長である私自身、経営者になって初めてわかったことも多々ありますし、経験しながら学んできました。

この「日本活性化プロジェクト」のポイントは、いきなり個人事業主として独立して「あとは勝手にやってください」ではない点です。

とりあえず会社との契約期間は、更新前提で3年間（3年に限る必要はありませんが）は保障しているので、その間は会社のサポートを受けながらしっかりと準備し、社長と同じ視点で話ができる一人前の経営者になって会社に貢献してほしい。3年という数字にはそんな意味を込めているのです。

第4章

嵐のスタート

いざ発表！　逆風の嵐

制度の大枠が固まったのが2016年の中頃。私は活性化プロジェクトの運用開始は2017年1月1日からと決めました。1月1日にしたのは、確定申告は年度ではなく暦年単位だからです。

2016年の9月から、社員に向けた説明会を始めました。当初は、このプロジェクトとは関係なく過去に実施した適性検査で、「変化への順応性が高い」という結果が出た50人程度に呼びかけをしたのですが、労働組合から「それでは不公平だ」という話が出て、最終的には全員を対象に説明会を開きました。

その反応はといえば、大きく二つに分かれました。**当初の総務部長と同じく「一体こ**

の社長は何を言い出したのか」と呆然とする人。もしくは「リストラの一環ではないか」と身構える人です。どちらにしてもネガティブです。

もちろん一回ですべてを理解してもらうのは難しいので、説明会は複数回開き、疑問点があれば個別にもとことん答えるようにしました。

社員アンケートの結果は？

適性検査で「変化への順応性が高い」と出た社員向けの説明会後に実施したアンケート結果もご紹介しましょう。

回答を寄せた15人のうち、「趣旨も仕組みも理解できた」と答えたのは８人。残りは「趣旨はわかるが仕組みがまだよくわからない」「仕組みはわかるが、趣旨がよくわからない」という反応でした。

参加したいかどうかという質問には「ぜひ参加したい」と積極的な姿勢を示したのが４人。残りの11人は「基本的に参加してみたいと思うが、もう少し情報がほしい」「あまり参加してみたいとは思わないが、今後の情報によっては参加したくなるかも」との回答でした。

魅力に感じた点を尋ねると、「自分のスキルを最大限生かし、結果へのコミットに対し対価を得られる」「会社に依存しない働き方ができる。どこの会社に行っても通用するスキルを身につけることができそう」「働きたい分働けるので、向上心次第で大きく成長できそう」など、概ねこちらの期待通りの反応です。

一方、当然のことながら、懸念や不安の声もあがりました。「デザイナーなど特殊な業務以外で、一般の会社員が個人事業主として業務を請け負うという働き方は聞いたことがない」「社員と同じ仕事をするのに、個人事業主になって不利益を被るようなことは本当にないのか」など、やはり未知の仕組みに対する警戒感はかなり強いようです。

「若手には不利ではないのか」「指揮命令系統がどうなるのか不安」といった声もありました。

会社としてはそうした声を受け、よりわかりやすくなるように説明の仕方を工夫しつつ、不安を解消する方策についても検討を続けました。

逆風にも負けず、8人が「やってみたい」

10月からはいよいよ、希望者の募集を始めました。戸惑ったり反発したりする社員も少なくない中で、果たしてどのくらいの人が個人事業主への移行を希望してくれるのか。内心、とても心配でしたが、8人が「やってみたい」と手を挙げてくれました。その勇気には感謝しかありません。

その中の一人で40代の男性営業担当は、実家で両親が事業を営んでおり、その事業を継ぐか継がないかですごく悩んでいたそうです。

彼は「タニタの仕事もすごく好きだけど、親も年老いてきて、事業を継ぐのなら退職するしか道はないと思っていました。でもこのプロジェクトに参加することで、実家の事業を引き継ぎながら、タニタの仕事も継続できる道筋ができました」と、とても明るい表情で話してくれました。

こちらとしても、優秀な人材を失わずに済むのですからまさにウィンウィン。「我が意を得たり」と嬉しくなりました。

8人のメンバーの中には、30代の若手や、子育て中の女性社員なども含まれ、職種も

営業から総務、開発、新事業企画の担当までかなり多彩でした。偶然ではありますが、これから制度を広げていく上でも、モデルケースとして理想的なメンバーが集まったと思います。

さて、プロジェクトメンバー1期生は決まりましたが、制度のスタートまでは1カ月ちょっとしかありません。8人には大急ぎで自分が請け負いたいと考える「業務内容」のたたき台を作ってもらい、業務委託契約書の作成作業に入りました。

また「基本業務」と「追加業務」について直接当人と協議をするのは、その部署の責任者となるので、その人たちとも考え方の共有やすり合わせを行っていきました。

役員会は完全アウェー

参加メンバーは決まったものの、ギリギリまで揉めたのは実は役員会でした。正確に言うと、侃々諤々《かんかんがくがく》の大議論になったわけではないのですが、役員の多くは非常に渋い顔をしていて、諸手を挙げて賛成ではないことは明らかでした。彼らの主な疑問や不満は次のようなことです。

◉同じチームの中で、社員と個人事業主になった元社員が一緒に働くとなると、個人事業主がはみ出し者扱いされたり、いがみ合いが起きたりするのではないか。

◉社内のヒエラルキーや指揮命令系統がおかしくなるのではないか。

◉問題が起きた時の責任の所在はどうなるのか。

◉機密が社外に漏れるリスクがあるのではないか。

◉社員の手取りを増やすといっても、結局、そのために会社の負担が増えるのではないか。


役員会の雰囲気をサッカーの試合に例えれば、私は完全に「アウェー（ａｗａｙ）」。役員の多くは、従来の会社組織の中でサバイバルしてきた強者です。**「日本活性化プロジェクト」の制度はある意味、彼らの拠り所となってきた会社組織のあり方を根本から変えよう、という話ですから、反発が起きるのは当然でした。**

そして、キャリアは積んでいても、やはり人間ですから、未知のものは怖い。年齢が高くなればなおさらです。そして何より失敗したら、会社が大混乱に陥るのではないかという恐怖感が、彼らを躊躇させていました。

私も、彼らが疑問・不安に思う点についてはこれまで散々考え、悩みました。しかし最終的に私は、これからの厳しい経営環境の中で、優秀な人材をつなぎとめ、会社を発展させていくには、現時点ではこの方法しかないという結論にたどり着いたのです。

制度はまだまだ完全ではなく、これから課題も出てくるでしょう。「やってみよう」と手を挙げてくれた8人と一緒にまずはスタートし、少しずつ課題を解決していくしかありません。

最終的には、役員とは以下のような内容を記した覚書を交わすことで決着しました。

①もしも私が何らかの理由で社長の任をはずれることになり、その後の経営陣が「日本活性化プロジェクト」の継続が難しいと判断した場合は、中止する。

②その時点ですでに個人事業主に移行した者については、本人が希望すれば移行前と同等以上の条件で社員に戻れるようにする。

つまり、この制度は反発を抑えてある意味トップダウンで強引にスタートしたものだったのです。このため、私に万が一のとき、手を挙げたメンバーに不利益が生じないようにしました。当時は、ここまで配慮しなければならない空気が漂っていたのです。

8人が退職届を提出

2016年12月末。いよいよ活性化プロジェクトのスタートが目前に迫ってきました。

「千里さん、退職届を持ってまいりました」

ある日、一緒にゼロから制度づくりを担ってくれた総務部長からそう声をかけられました。私の反応は、

「えー？　ああ、そういうことか」

実は、彼自身が活性化プロジェクトの第1期メンバーとなったのです。メンバーは12月末日をもっていったん退職するので、それぞれの部門長に退職届を提出することになっています。彼にとっての部門長は私なので、彼は私に退職届を持ってきたというわけです。

考えてみれば、当たり前のプロセスではあるのですが、私自身も初めてのことなので、実際に退職届を受け取るシーンまでは想像していませんでした。

これから彼には個人事業主として「活性化プロジェクトの推進」と「社長補佐」という業務を請け負ってもらうので、私と彼の関係性はこれまでと大きく変わらないはずで

すが、彼自身にとって会社員を辞めて独立するのは、大きな大きな決断です。実際、退職届を書きながら、手が震えたそうです。

そんな想いの詰まった退職届を受け取りながら、私自身も、身が引き締まる思いがしました。

第5章

本格始動　次のステージへ

「日本活性化プロジェクト」スタート。課題も明らかに

2017年1月。いよいよ「日本活性化プロジェクト」が本格始動の時を迎えました。といってもプロジェクトのメンバーは基本的にこれまでと同じ部署で同じ業務を行うので、表向きは何か大きく変わるわけではありません。ただメンバー自身、そして周囲も、心の中ではいろいろな変化や葛藤を感じたことと思います。

そのあたりは第2部で本人たちに大いに語ってもらうとして、ここでは、スタートと同時に、あるいはその少し前から浮かび上がってきた課題についてお話しします。

課題の一つ目は、付箋やコピー用紙などの文房具やパソコン、IDカードを社員時代と同じように使えないという問題です。正確には「使えない」というよりも、個人事業

主なのに社員と同じように使うのはおかしい、社員との区別がつかないという話が出てきたのです。弁護士に聞いても「備品は有料であり、使う分は個人事業主が会社に支払うか、自ら持ち込むべき」といいます。

しかし、そうは言っても、個人事業主になったメンバーが、使った付箋やコピー用紙の個数や枚数をいちいち数えて、その分の代金を会社に支払ったり、個々人で買ったものを持ち込んだりするというのはあまりに煩雑です。

メンバーが書類を印刷するのに、毎度、コピー機のところまで走って行って、自分で買ってきた「マイコピー用紙」を差し挟むなんて、どう考えても非効率ですし、現実的ではない。そうした問題をどうクリアするのか。

もう一つ課題となったのは、メンバーには個人事業主としてやっていくために必要な確定申告や保険の知識・ノウハウがないという問題です。これまで税務や社会保障関係の処理は会社にお任せだったわけですから、無理もありません。

税理士に頼みたくても、メンバーのほとんどはツテもありません。病気や怪我で働けなくなった場合に備える「所得補償保険（就業不能保険）」や、各種の個人年金や保険などの情報も、一人ひとりが個別に集めるよりどこかでまとめて集めたほうが効率的です。

「タニタ共栄会」をつくろう

そうした問題の解決策として、2017年の半ばに新たな相互扶助の団体をつくりました。それが「タニタ共栄会」です。またしてもネーミングの話になりますが、この「共栄会」という名称にも思い入れがあります。

私には師と仰ぐ経営者が何人かいますが、そのうちのお一人は、家庭用のキッチン用品やダイニング用品の専門商社「中山福株式会社」（東証一部上場、大阪市・中央区）の社長・会長を歴任された故・中尾千興《なかおちおき》氏です。私が社長就任以来、目をかけて私を育ててくださったのが中尾氏なのです。

そのお世話になった「中山福」が相互発展を目的に取引先のメーカーなどと一緒に作った「中山福共栄会」にちなんで「タニタ共栄会」と名付けました。

「タニタ共栄会」の会員は活性化プロジェクトのメンバー全員です。基本的には報酬額の1%を会費とし、有志者からの寄付金なども合わせて運営します。

「タニタ共栄会」が「タニタ」と包括契約を結ぶことで、メンバーには①会社の施設や備品を社員と同様に利用できる　②会社の各種イベントに社員と同様に参加できる　③

確定申告については、共栄会が契約する税理士法人のサポートを受けられる　④社会保障関連の情報を得られる——などのメリットが生まれます。

①の中で、文具やPCなどについては、メンバーが年間に使うおおよその見込額を算出し、それを「タニタ共栄会」から「タニタ」に支払います。④については、必要に応じて共栄会で保険の専門家などを呼んで、相談会を行うことも可能です。

ぜひ解決したいローン問題

いま、この共栄会でなんとかできないかと検討しているのは「ローン問題」です。

例えば車のリースに関しては、活性化プロジェクトのあるメンバーが個人事業主として、業務用に車をリースしようとしたところ、かなりの悪条件を提示されたという「事件」がありました。同じリース会社から同じ車種を借りる場合でも、法人向けと個人向けとでは全く条件が違い、個人は概して不利です。

住宅ローンも同様でしょう。「会社員」であればすぐに審査が通るのに、「個人事業主」になった途端に厳しくなる、あるいはローンを断られてしまうというのはよく聞く話です。

いまの日本社会は生活のあらゆる場面で、「法人」やそこに勤める「正社員」が優遇され、個人事業主や非正規労働者にはとても冷たい。こうした状況を放置すれば、活性化メンバーになるのを躊躇する人も出てくるでしょうから、なんとか解決しなくてはなりません。

もちろん、社会全体の意識が変わることを願いますが、それを待っている余裕はないので、例えば共栄会がリース契約の主体になって、会員にサブリースできないか、あるいは共栄会が住宅ローンの保証をしたり、共栄会が直接貸し付けたりするといったことができないかなど、さまざまな方法をいま検討をしている最中です。

良いアイデアがありましたら、ぜひ、ご一報をいただけると幸甚です。

部長どうしも情報交換。マネジメント能力向上を

活性化プロジェクトメンバーと会社との契約について、第3章で「基本業務」と「追加業務」に分けるという説明をしました。業務委託契約書には、その人に委託する「基

本業務」を明記します。**それ以外の業務を「仕事」として発注する場合は「追加業務」として別立てにし、そこに対しては「成果報酬」を別途支払うという仕組みです。**

例えばエンジニアが、「基本業務」に定めているプロダクト以外について、別の部署から開発の発注を請ければそれは「追加業務」となります。その際の報酬は、請けるメンバーと、発注部署の部長との交渉次第ですが、値段については個々の部長によって相場観が違うこともあり得ます。

同じような仕事に対して、社内のある部長は高い金額を提示し、別の部長はかなり値切るといったこともあり得るわけです。何しろ、こういった「値決め」は初めてですから、どのくらいが妥当なのか、見当がつかない部長もいるでしょう。

そこで、「評価者会」と称して、各部長らが定期的に集まって情報交換ができる場を作りました。本来、管理職には、個々の業務について外注するかしないか、するとしたら報酬をどのくらいで設定すべきなのか、クオリティーとコストのバランスを見て判断する能力が必要です。

しかし弊社に限らず、これまでフリーランスの人との協業経験が少ない会社では、管理職にそうしたマネジメント能力が育っていないケースも多いのではないでしょうか。弊社では今回の活性化プロジェクトを機に、管理職には一つひとつの業務に対してコスト意識を持ってもらい、社内のリソースと社外のリソースをどう組み合わせるのがベストなのか、判断できるマネジメント能力を高めてもらいたいと思っています。

開けてびっくり。手取りが平均200万円増えた

さて、「日本活性化プロジェクト」が始動して1年余りが過ぎました。2018年3月はいよいよメンバーにとって初めての確定申告の時期です。

ゼロから制度づくりを手がけてきた私や総務部長、エムアンドエム税理士法人にとっても最初の「成績表」となるので、ドキドキです。

8人の中で、親の事業を継承した人は個別に確定申告をしたので、数字として明確に把握できたのは残りの7人です。その結果には、正直驚きました。

彼ら・彼女らが社員だった2016年に手にした給与（残業代込み）・賞与に比べ、7人合計の手取り収入が28・6％もアップしたのです。これは**実額にすると、7人合計で1400万円に近い金額です**。

では、会社の負担額はどうだったのかというと、全体で1・4％の増加にとどまりました。これは実額でいえば約80万円の負担増でした。

もう少し内訳を詳しくいうと、あるメンバーは、社員時代に行っていた仕事にプラスして他社の仕事を請け負ったようで、最終的に手取りは7割近い増加となりました。一方、ほとんど業務内容が変わらなかった人たちも、おしなべて手取りが増え、一番少ない人でも16％は増加したのです。

一律のルールに縛られない自由

お金の話とは別に、1期メンバーを見ていて感じたことがあります。**それは、案外みなこの制度をうまく使って、自分の望むライフスタイルに一歩近づいたということです。**もちろんそれは、最初からこの制度で狙ったところではあるのですが、早くも実現しつつあるというのが私の実感です。

例えば子育て中のメンバーは、社員時代は一律の「就業規則」に縛られていたので、有給休暇が何日で、そのうちどれだけを子どもの用事に充てるかあらかじめ計画して申請していました。

しかし、子育てに関しては予想通りにはいかないことも多々あります。お子さんの病気など突発的に何かあれば、周囲に気を遣って「申し訳ありません」と謝ってばかりいたのですが、いまはそうじゃない。子育てに必要な時間を堂々と確保し、仕事に関しては最終的に出すべき成果を出せればいいと割り切って、うまい具合に自分の時間やエネルギーを配分しています。

一方で、まだ独身でガンガン仕事をして早く成長したいという若手は、経費の使い方を見ていても、「ほぼ生活すべてが仕事」です。同じ仕事量でも、仮に会社から「やれ」と命令されてやるのであれば、その人は倒れてしまうかもしれませんが、自分の意思でやっているから倒れない。成長を実感できるから辛くないという側面もあるようです。

同じ職場にいても、人には、さまざまな「事情」や「希望」があります。「自分にはこういう事情があるので、こういう風に働きたい」という本人の望みを叶えてあげたくても、社員の場合は、「平等」が原則ですから、なかなか対応するのは困難です。

「○○さんだけ、えこひいきだ」と言われないように、就業規則も一律に決めて「全員このルールに従ってください」とやるしかありません。その分、融通がきかない面も多々あります。

一方、「日本活性化プロジェクト」で個人事業主になれば、すべては会社と個人の契約次第です。きちんと納得できる理由で会社を説得してくれるのであれば、会社は希望を叶えてあげることができます。**判断基準は「平等かどうか」ではなく、そこに「合理性があるかどうか」になります。**

会社と個人の関係もより対等になります。

仕事内容にせよ、報酬にせよ、お互いに主張すべきはして、落とし所を見つけていく。会社としては「一律ルール」のほうが、はっきりいってラクです。一人ひとりと合意形成をしていくのは、手間もかかります。

しかし、その面倒さを差し引いても、得るものはお互いに大きい。そのことを1年目にして、かなり実感できたと思います。

2期メンバーには反対だった取締役も

さて、2018年1月には活性化プロジェクトも2期目に入りました。メンバーには新たに11人が加わり、そのうちの４人は私を含む取締役です。

なぜ、取締役がメンバーになったのか――。実はそこにはこんな事情がありました。２期目のメンバー募集を始めた時、私は１期と同じかそれ以上の希望者が出ることと期待していました。

しかし結果はそうではありませんでした。しかも、社員の中には手を挙げようと真剣に考えていた人が実はもっといたけれど、活性化プロジェクト自体を良く思わない人たちから陰に陽にプレッシャーを受け、諦めてしまった――という話も聞きました。

活性化プロジェクトが何か「踏み絵」のように使われて、社内を分断するようなことになっては元も子もありません。

まだ趣旨がきちんと伝わっておらず、誤解されているのだとしたら、なんとか早期にそれを正さなければならない。そこで取締役自ら率先して、プロジェクトのメンバーになってはどうかという案が出てきました。

そこでエムアンドエム税理士法人に相談すると

「取締役が個人事業主になるのは可能です。社長もです」

と言うのです。

にわかには信じられません。だって仮に、社長の私が「谷田千里商店」の個人事業主となり、乱心してタニタのヒット商品を独占販売し始めたら、会社が崩壊してしまうではありませんか。

しかし、エムアンドエム税理士法人によれば、A社の取締役がB社の業務も引き受け、A社からは「取締役報酬」を受け取り、B社からは引き受けた業務に対する「業務委託報酬」を受け取る例はあるそうです。両方を「同じ会社から」というのはあまり例はないが、禁止はされていないとのことでした。

もちろん取締役の場合は、いわゆる本業分野に関して業務委託契約を結ぶと差し障りがありますから、例えば「営業マンに必要な接待ゴルフのマナーを教える」といったことであればOKだといいます。

そこで、役員たちにこの案を持ちかけてみました。すると、活性化プロジェクトを1年やってみて、それほど恐れていたような問題が起きなかったせいか、案外受け入れてもらえたのです。経費計上の方法が理解できたことから手取り収入が増えるとわかったのも後押しになったようです。

そんなわけで、2期目は取締役を含む合計11人が加わることになったのです。

あの時のAさんは？

読者の中には、第3章で触れたAさんはメンバーになったのかどうか、気になっている人もいるかもしれません。答えは「まだ」です。本人に直接聞いてみたところ、こんな答えが返ってきました。

「社長は以前、最低3年は一つの会社でしっかり仕事をしないと、転職したくても『この人は3年も持たないような人だ』と思われるとおっしゃっていましたよね。だから少なくとも3年は社員のままで頑張ろうと決めたんです。それに個人事業主として仕事をするにはやはり、成果を出せるだけのスキルが必要だと思うので、もう少し自信がつくまで待ちます」

さらに、こんなことも言われました。彼としては名称を「タニタ活性化プロジェクト」にしてほしかったというのです。

なぜかというと、「日本活性化プロジェクト」だとタニタと全く無関係だと思われ、「あの人はタニタでのキャリアが3年に満たないうちに途絶えてしまった」と誤解される恐れがある。そのことに抵抗感があったと。

私が「日本活性化プロジェクト」と名付けた理由については、プロローグでも書きましたが、それとは全く違う視点からの彼の意見に、私は苦笑するしかありませんでした。ネーミングとは本当に難しいものです。

それはさておき、彼が「独立」も視野にいれながら、仕事の幅を着実に広げつつあることを知って、私はとても嬉しく思いました。**「日本活性化プロジェクト」が特に若い人にとって、目標や希望になってくれればと願っています。**

風向きが変わった。さらなる発展を目指す

2019年1月に活性化プロジェクトは3期目に入りました。新たに加わったメンバーは社員からの移行組が7人、取締役が1人の計8人です。

1期からの合計では26人。全員、個人事業主として独立をしながらも引き続きタニタの仕事をやってくれています。人によっては外部の仕事も引き受けながら、専門性を磨いたり、得意な領域を広げたりしています。

3期目に入ったいま、だいぶ社内の風向きが変わったと感じています。**前述したよう**

に、非常に難色を示していた取締役たちもメンバーに加わり、自分自身で制度のメリットを実感したようです。

社員も同じ部署にメンバーがいれば、その働きぶりを間近で見ることができるので、個人事業主として仕事をするとは一体どういうことなのか、イメージしやすくなっています。

ただ、制度はまだまだ発展途上です。前にも触れたように、個人事業主に移行したメンバーが、車のリースや住宅ローンなどで不利な扱いを受けないように、共栄会で何らかのサポートができないか、ということも引き続き検討課題です。

また、さらに先の話にはなりますが、健康保険やその他の福利厚生の拡充についても共栄会が受け皿になれないか、可能性を模索しています。そうした相互扶助の仕組みが整っていけば、タニタのメンバーに限らず広く一般の個人事業主の方にも使っていただけるようになるかもしれません。

共にチャレンジを

ここまでの話で、おおよそ、「日本活性化プロジェクト」が生まれた経緯や、課題も含めた現状についてご理解いただけたかと思います。

思えば、かつて「タニタ食堂」をつくった時も、社内からは「メーカーなのに飲食業に手を出すなんて無謀すぎる」と大反対が起きました。でも、私は何事も「少しでも可能性があるならまずはやってみる」がモットー。社員も驚くようなことをやれば、マンネリになりがちな雰囲気もガラッと変わると思って決断しました。

結果的にはタニタ＝健康というブランドイメージが浸透し、その後さまざまなビジネスにも発展しました。

今回の活性化プロジェクトも、反発は強かったですし、まだまだ「走りながら考えている」という状況です。でもやはり、タニタ食堂の時と同じように、社内にはいい刺激になっていると思います。

現在は、会社の中に従来の「メンバーシップ型」の雇用と、「ジョブ型」に近い活性化プロジェクトが併存しています。繰り返しになりますが、活性化プロジェクトは決して人件費削減やリストラのための制度ではありませんし、「社員」の不安を煽るつもりも毛頭ありません。

そうではなく、**私は選択肢があることが社員にとって意味があると思っています。**つまり毎年、どちらにするか考えることが、自分の働き方や仕事との向き合い方、生き方を考える機会になるからです。

こうして本書で洗いざらい、社内のプロジェクトを公開するのには理由があります。「日本活性化プロジェクト」はタニタの働き方改革の「レシピ」のようなもの。**これを公開し、日本中のさまざまな企業でアレンジしてもらいたいのです。**

私はこれからは企業と個人が「雇う」「雇われる」という主従の関係から、より対等な関係に変化していくと思っています。いまは過渡期です。馴染みのあるシステムから新しい仕組みへ移行するのは、個人も会社も勇気がいります。

ぜひ、共にチャレンジする仲間が増えることを切に願っています。

Work
Style
Reform
of
TANITA

［第2部］

働き方、意識はこう変わった

――「日本活性化プロジェクト」現場からの生報告

第1部では社長の谷田の視点から、「日本活性化プロジェクト」に込めた思いや、制度誕生までの道のりを語った。

この第2部では「現場の生の声」を紹介する。まず第1章では、活性化プロジェクトによって「社員」から「個人事業主」に移行したメンバー4人に、続く第2章では、彼ら・彼女らの所属部署の責任者と役員に話を聞いた。

メンバー4人には、「なぜプロジェクトへの参加を決めたのか」「家族や周囲の反応はどうだったか」「社員時代と比べて収入や働き方、将来設計がどう変わったか」といった質問をストレートに投げかけた。

一方、メンバーが所属する部署の責任者や役員には、一人ひとり個別に話を聞いた上で、それらを誌上座談会の形でまとめた。ポジティブな話だけではなく、現場での「不協和音」や運用開始後に改めて浮き彫りになった課題などにも踏み込んでいる。

第2部を読んでいただければ、スタートから3年目を迎えた「日本活性化プロジェクト」の〝いま〟と今後の〝課題・可能性〟が見えてくるはずだ。

第1章

「日本活性化プロジェクト」メンバーインタビュー

「日本活性化プロジェクト」
メンバーインタビュー
［第１期］

1

ツイッターの「中の人」が語る本音

中の人

ブランド統合本部 新事業企画推進部

インタビューのトップバッターは2017年の第1期メンバー募集に手を挙げた男性(35)だ。フォロワー数約28万人というタニタ公式ツイッターを担当する「中の人」でもある。(実名は公表していないので、以下「中の人」)

小学1年から大学まで16年間水泳に打ち込み、中学時代には県大会で優勝。大学でもインターカレッジに出場したという体育会系で、見かけはゴツいが本人曰く「分析家タイプ」。ツイッターもフォロワー数ゼロの時代から、日々、どうやったら見てもらえるのか、分析と工夫を重ね、企業としては有数の人気アカウントに育て上げた。

Profile

2008年入社。営業やSNSを使ったブランディング業務などに従事。活性化プロジェクトには2017年の第1期から参加。

タニタ公式ツイッター「中の人」になるまで

──入社10年目に活性化プロジェクトのメンバーになったわけですが、タニタには新卒で入ったのですね。

「そうです。大学でスポーツ科学を専攻し、私自身もずっとスポーツをやってきたので、体を動かすことや、健康についてとても興味があったんです。それと、自分で企画した商品やサービスを世に出したいという夢もあって、その両方を満たせるのがタニタだと思い、入社しました」

──入社当初は営業だったとか。

「1年目はスーパーやホームセンター、ドラッグストアなどを回る営業でした。でも2年目は営業からはずれて、ニコニコ動画の企業チャンネル担当になりました。というのも、ちょうど1年目の途中で、現社長の谷田千里が同職に就任して、当時まだ目新しかったニコニコ動画をマーケティングツールとして活用する話が出てきたんです。それで、まずは若い奴にやらせてみようということになり、その2代目の担当者として私に声がかかりました。ですから2年目は、ひたすらニコニコ動画の企画、撮影、編集をやっていました」

――もともと動画制作のご経験があったのですか。

「いえ、まったく。動画なんて一度もつくったことはありませんでした。社長から『とりあえずやってみろ』と言われて本当にゼロからです。でも始めてみると、動画づくりも面白くなってきましたし、入社してまだ間もないのに社長と1対1で仕事ができるというのもすごく刺激的で、自分では3年目も続けるつもりでした」

「ところが社長から『あなたはもっとビジネスを勉強した方がいい』と言われて、営業に戻されました。動画の仕事は後任に引き継いだんですが、いろいろノウハウもあるので、『やっぱり手伝ってくれ』と言われ、3年目の途中から営業とニコニコ動画担当を兼任する形になりました。仕事の8割が営業、2割が動画制作という感じでした」

――ツイッターの「中の人」はいつから?

「2011年の1月からです。その頃、NHKや東急ハンズのアカウントが話題になっていたので、タニタでもできるんじゃないかと。会社から命じられたわけではなく、私のほうから『ツールとしてパワーがありますし、無料なのでやってみようと思うんですけど』と提案したところ、あっさり『じゃあやってみたら』と言われまして。ツイッターはケータイさえあればできるので、営業の合間に『中の人』としてつぶやく、ということをコツコツ続けていました」

「あの社長の言うことだから」と即断

──その後、2016年から新事業企画推進部に異動し、そこでの仕事をベースに「日本活性化プロジェクト」で個人事業主に移行したのですね。

「はい。新事業企画推進部は簡単に言うと、新しい取り組みからタニタのファンを開拓するのがミッションです。私が主に担当しているのは、お客さまとのコミュニケーションに関する仕事です。ツイッターなどSNSの運用や、アニメやゲームなど他のコンテンツとのコラボレーションもしています」

──コラボとは？

「例えばタニタの体組成計だと、健康にとても興味がある方はすぐに買ってくださいますが、世の中には『そこまでの興味はない』という方も多くいらっしゃいますよね。そういうまだリーチできていない層に、趣味性の高いアニメやゲームなどのコンテンツの力を借りてアプローチする手法です」

「最近では、セガグループさんとのコラボを手がけました。セガさんが1994年に発売して爆発的ヒットとなった家庭用ゲーム機『セガサターン』のデザインを再現した体組成計です。往年のセガサターンファンに、ノスタルジーに浸りながら健康管理に取り組んでいただこうという商品で、発売と同時に完売しました。このヒットを受けて、第2弾として『メガドライブ体組成計』と『ドリームキャスト体組成計』も手がけました」

「活性化プロジェクトで個人事業主になってからも、引き続きそういう新しい売り方やサービスを企画し、その情報をツイッターなどで発信する、という仕事を担当しています」

――活性化プロジェクトにはどうして手を挙げようと思ったのですか。

「一番の理由は、社長がやると言うんだからやってみようってことですかね。入社2年目で社長と1対1で仕事をしていたので、個人的に社長を信頼していたのも大きかったと思います」

「普通に考えると不安じゃないですか。『これってもしかして、そのうち首を切られるんじゃないか』とか。でもまあ、あの社長がやると言うんだったら、信じてもいいかな。

ダメだったらダメでまた考えればいいやと思ったんです」

「それに働き方が変わると、もっと新しいことに挑戦するチャンスが増える。そうなればこの先何があっても生きていけるスキルを身につけられるんじゃないかという期待もありました。先程『不安』と言いましたが、スキルさえ身につけられれば、逆に不安はなくなるという考えもありました」

「私はツイッターに関わっているからかもしれませんが、一瞬『バグ』みたいなものがあっても、それをうまく転がすといい方向に変わるというのが感覚としてあるんです。ですから社長が言わんとすることは結構すぐに理解できた気がします。少なくとも自分の感覚には合っているのだから『とりあえず乗って転がしてみるか』という感じでした」

「ただ、私個人はそう思ったんですけど、家族にはかなり反対されましたね」

不安がる家族

──家族の方はなんと？

「まあ当然のことながら『そんなの大丈夫なの？　契約が切れたら首を切られるんじゃ

ないの？』と。私としては『いや、そういう目的で導入されるわけじゃないと思うし、少なくとも自分が知っている社長はそういう人じゃないと思う』という話をして。『逆に今、やらなければずっと安心かといえば、そんなこともない』とも言いましたね」

——この制度は、社員全員に個人事業主になることを強制するものではないので、家族の立場からすれば「少なくともあえて先陣を切らずに、他の人の様子を見てからでも遅くないでしょ」と言いたくなりますよね。

「実際、そう言われました。でもそこは押し切りました。最終的には『せっかく会社が新しい働き方をしてもいいですよと言ってるんだから、乗ろうと思う』の一点張りです。あとはもう結果を出せば納得してもらえるだろうと」

時間の使い方が変わってきた

——いよいよ活性化プロジェクトメンバーとしての生活が始まって、何が変わりましたか。

「一番は通勤や残業という概念がなくなって、時間の使い方がとても自由になったことですね。メリハリがついたというか。自分で時間をコントロールできるのは非常にいいですね」

──平均的な1日のスケジュールは？

「朝はだいたい8時過ぎには会社に来ます。とりあえず午前中は『いるぞ感』を出す。でも午後は出てしまいます。家が会社に近いので、何かあれば30分で来られますし」

「もちろん、要所要所で対面で話をした方がいい状況であればできるだけ来ます。でも外でやれることは外でやればいいと思い切れるのは、すごくやりやすいです」

──週末に仕事をすることもあるのでしょうか。

「正直に言うと、土日も関係なくなりました。その代わり平日は6時間くらいしか働いていないかもしれないですね。かっちりと1日8時間と決めているわけではなく、日によってバラバラです。社員の頃は夜9時、10時まで残業することもありましたが、今は朝から晩までずーっと働き詰めというケースはほとんどありません」

「土日働くといっても、1日中ではないのでそんなに苦になりませんよ。何時にやろうが自由なわけで、朝7時からでも、夜10時からでもいい。だいたい昼間は家族と一緒に過ごし、一人になる夜10時頃からサクサクっと1、2時間働くことが多いです」

TANITA

――いつ、どれだけやるかは自分次第だと。時間に対する感覚がかなり変わってきたということでしょうか。

「社員時代は『何かやらなきゃ』という気持ちがあって、無理して優先順位が低いものまで残業してやっていたこともあったかもしれません。それがいまは意識して優先順位をつけ、本当にいまやるべきことを集中してやるように変わってきたと思います」

手取りは増えたが負担感も

――経済面の変化も気になりますが、ずばり手取りは増えましたか？

「1年目、収入はかなり増えたことは増えました。ただ、増えた分、住民税と国民健康保険料の負担がかなり大きくなったのは驚きでした」

「そういう税金・社会保険はこれまで天引きだったので、自分自身であまり払っている感覚がなかったんですよね。それが個人事業主になった途端、実際に自分で振り込んだりしなきゃいけないので、余計リアルに負担を感じた面もあります」

「1年目は経費にどういうものを計上すればいいのかあまりわかっていなくて、意識も準備も足りない状況でした。確定申告する段階になって、税理士さんからも『必要経費として集計していないものがあるのでは』と聞かれたんですけど、経費管理をきちんとしていなくて。だからそこは反省して、2年目以降はきちんと経費管理をしています」

――個人事業主になると、保険などのセーフティーネットを自分で用意する必要がありますが、これも初めてのことで、戸惑いはありましたか。

「結構難しかったです。否が応でもこれからの生き方を考えざるを得ないですからね。特に就業不能保険はめちゃめちゃ悩んで、決めるまでに1年くらいかかりました。やっぱり『これから前向きに仕事していこう！』と思っている時に、病気や怪我で働けなくなった時のことなんて考えたくないじゃないですか。億劫《おっくう》というか。家族は『早く安心できるようにして』と思っていたでしょうけど、私としては『これから頑張るって言ってるんだから、それでいいじゃん』みたいな気持ちもありました」

「それに、いま目の前にあるやらなきゃいけない仕事に比べると、どうしても優先順位が低くなるので、ついつい後回しにしていました。最終的には家族の方から『決まったの？』と詰め寄られて、やっと決めたというのが正直なところです。さっさと決められる人もいると思いますけど、私の場合はもともと、ポジティブ思考すぎて、あまり先々のことについて考えない性格なので」

社員も興味津々。人を削減する手段ではないはず

──社内の人はどういう反応なのでしょうか。「実際メンバーになってどうなの？」と聞かれますか。

「結構聞かれますよ。飲み会でもわざわざ私のところに聞きに来る人もいますし。やっぱりみなさん興味があるんだと思います」

──この制度は、独立といってもいきなりいわゆる「フリーランス」として社外に出るわけではなく、個人事業主として独立した後も基本は社内の仕事をしますよね。その意味では、「フリーランス」と「社員」の中間のような位置付けで、完全なフリーランスよりも安心感があるように思いますが、社員のみなさんはどう思っているのでしょう。

「私自身、いきなりフリーランスになるのだったらやらなかったし、そこは安心できると思います。ただ、まだ疑っている人は多いでしょうね。どうせそんなの最初だけだろうって」

「でも、私はそんなことはないと思っているんです。弊社にはそんなに潤沢に人がいるわけじゃないし、単純に考えて、いまいる人をわざわざ切る理由はありませんから。それに、もし人が必要になった時に、全く素性のわからない外部の人を入れるより、社内にいて仕事のこともわかっていて気心も知れている人を使った方がいいじゃないですか。だからそんなに簡単に『ハイさようなら』ってことにはならないと思っています」

意識して社外の人と会うように

――ご自身の仕事に対する向き合い方はどうでしょう。何か変化がありましたか。

「『とにかく人と会わなきゃ』という意識がすごく高まりました。時間も自由に使える分、意図的に外部の人に会いに行くようになりましたね。これから個人事業主として生きていくためにはいろいろな人との関わりが重要ですから。いままでは『社員』として、仕事上必要な人に会うという感覚だったのが、いまは自分のスキルを高めたり、人脈づくりをしたりするために、社員時代には会わなかったような人にも積極的に会いに行ってます」

──例えばどんな人たちですか。

「ツイッターも担当しているので、芸能人や声優さん、テレビ局、音楽関係者などが増えました。社員で営業担当だった頃は、小売店の人やバイヤーに会うというのがほとんどで、それ以外の人と会うような機会はあまりありませんでした。その頃に比べると随分、会う人の幅が広がってきたと思います」

「いまは、もちろんタニタという会社の人として会うこともありますが、一個人としてもコンタクトを取るようになりました。結局、そういうことが自分の将来の仕事に跳ね返ってくると思うので、そこはすごく意識するようになりました」

──いまご自身がこういう新しい働き方をしていることは社外の人にも話しますか。

「はい、話しますね。大抵すごく羨ましがられます。やっぱりほとんどの人が、時間も場所も自由だという点に惹かれるようです」

組織の枠を超えて動けるように

──個人事業主として請け負う仕事には「基本業務」と「追加業務」がありますが、「基

本業務」とその目標はどのように決めているのですか。

「私のミッションは、会社の売上・利益やブランドに貢献することであり、具体的にはツイッターなどSNSの運用や、アニメ・ゲームなどのコンテンツとのコラボレーション商品の企画・販売などを『基本業務』としています。これらについては年間の売上や利益目標が設定されていて、その達成度合いが次年度の会社との契約金額を算定する際のベースになります」

「目標達成に向けて実際に何をやるかについては、かなり私の裁量に任されています。自ら動いて企画をまとめて商談したり、自社工場のある秋田に出張して現地の社員と一緒に生産体制を組み上げたりすることもあります」

――「基本業務」の定義は、社員時代とほぼ同じでも、実際にどうやるかについては裁量権が広がったと?

「はい。一番大きく変わったのは、組織の枠を超えて動けるようになったことです。商品の製造現場と一緒になって生産計画を策定したり、販売元と販売計画を練ったりと、仕事の幅も広がりました。この経験が、次の仕事の領域をさらに広げていくチャンスにもなる。そういう好循環が生まれていると感じています」

「追加業務」で報酬も。仕事のバランスは自分次第

──「追加業務」についてもうかがいます。通常の業務以外にプラスアルファで業務が発生した場合、社員だと「よろしく」と言われれば、やらざるを得ません。しかし活性化プロジェクトメンバーの場合、仕事の範囲がある程度明確に決まっているので、「基本業務」に書いてある以外の業務については、別途「仕事」として追加発注してもらえるのですね。

「はい。いまのところほとんどは『基本業務』ですが、時々、それとは関係のない業務を他の部署から依頼されることがあります。例えば本社の敷地内で毎年夏に開催している地域住民との交流を図るお祭りで、地域の企業と連携したイベントを企画したり、海外向けにゲームとコラボレーションした商品を販売するのをバックアップしたりといった仕事です。これらに関しては、その難易度や工数などに応じて『追加業務』として別に報酬をもらっています」

──他部署から何か頼まれた時には「それは『追加業務』になります」とご自身から言うのでしょうか。

「自分から言うかどうかは個人によって違うと思いますね。『基本業務』と『追加業務』の線引きはそんなにビシッと決められるものでもないので、そこは交渉次第ですし、受注する側から言うのか、発注する側から言うのかもケースバイケースです」

「ただ、私はどちらかというと、こちらから言わなくても追加になりやすいタイプです。明らかに従来と違う仕事をお願いされることが多いので、発注する側が初めから『追加業務でこれをお願いします』と言ってきてくれます」

「徐々に、社内でも『こういう業務は「追加業務」で活性化メンバーにお願いしていいんだ』という文化が出来始めています。それはとてもいい流れだと思いますね」

――「追加業務」が発生するのは月に何回くらいで、その金額は数万円単位、それとも数十万円単位なのですか。

「回数は私の場合、月に1回あるかないかですね。金額は全く決まっていなくて、ケースバイケース。技術系とか開発の人ですごく専門性があれば、単価は高いと思います」

――いまはタニタの仕事100%なのでしょうか。今後はスキルを上げて、外部の仕事も増やしたいと思っているのですか。

「はい。いまは100%タニタですね。私の部署でもミッションや売り上げの予算がありますから、まずはその達成のためにしっかり働きます。ただ、そこをもっと効率的にできる仕組みをつくれれば、ＳＮＳの運用ノウハウを外部の人向けに教えるといった仕事も増やしていこうと思っています。タニタと他の仕事のバランスについては、メンバーそれぞれいろんな考え方があるでしょうし、私自身についても、その時の考え方次第で、いかようにも変えられると思っています」

「日本活性化プロジェクト」
メンバーインタビュー
［第１期］

2

日本有数の技術者が感じるメリット

西《にし》澤《ざわ》美《み》幸《ゆき》

開発部主席研究員

インタビュー二人目の西澤美幸（50）は、世界初の体脂肪計開発にも携わったタニタ開発部の生き字引的存在。データ解析をこよなく愛するバリバリの「リケジョ」で、あだ名は「ゴンちゃん」。ＮＨＫ教育テレビ（現Ｅテレ）で１９７０年から放送され人気となった番組「できるかな」で、ノッポさんのアシスタントを務めていた「ゴン太くん」に似ているとして小さい頃からそう呼ばれてきた。かなり〝天然ボケ〟が入った、愛されキャラでもある。

Profile

1992年に入社以来、
ほぼ一貫して開発の仕事に
従事。1997年に社内結婚し、
出産後も働き続ける。
2017年の第1期から活性化
プロジェクトメンバーに

開発部の「生き字引」

──世界初の体脂肪計開発に関わられたそうですね。

「はい。もともと大学の研究室で人間のからだの代謝をはかる研究ですとか、からだに含まれる水分の運動による損失などを研究していました。まだ世の中に体脂肪計がなかった時代に私の恩師がタニタと一緒に共同研究をしていた関係で、『面白いことをやっているからあなたも一緒に』と声をかけてもらいました。共同研究をしながらそのまま入社となりました」

──社内では「生き字引」的な存在で、いろいろな部署から声をかけられて、割と自由に仕事をされてきたそうですね。

「若手が多い開発部の中で私は古参なので、そうですね、生き字引というか妖怪的存在というか（笑）」

「ラッキーなことに、体脂肪計の開発に最初から関わって、体脂肪率を解析する計算式（アルゴリズム）や誤差までよくわかっているので、頼ってくださる方が多いんです」

「比較的自由に仕事をさせてもらえるようになったのは、産休がきっかけでした。産休前は『生体科学課長』という役職で、開発の若手の教育をしたり、若手が成果を出せるように計画を立てたりするというマネジャーの仕事をさせていただいていたんですが、私はそういう仕事が向いていないというかすごく苦手意識があって……」

「それで産休明けはいったんその役職からはずしてもらって、グループ会社の所属になったんです。その時に、からだや食べ物に関するコラムを『からだカルテ』というホームページに書かせてもらっていたのですが、それが案外評判が良く、私自身もすごく楽しかったんです。それで産休明け2年目に開発部に戻った後も、そういう本来あまり開発部の人がやらなかったような仕事も頼まれれば引き受けるようになりました」

「小さなアイデアを生かしたい」と、活性化プロジェクトのメンバーに

――活性化プロジェクトにはどういう経緯で手を挙げたのでしょうか。

「プロジェクトの話を最初に聞いた時は、私の中でもあまりイメージが湧かなかったのですが、ちょうどその頃、これまでと同じような仕事のやり方で本当にいいのかなと迷

いが生じ始めていました」

「従来のままでは『とにかく販売実績など前例のある商品をつくらなければ』という発想で、体脂肪計や体組成計に少し手を加えただけのものを開発することになってしまうのではないかと。もちろんそこで社内で頼ってもらえるのはありがたいのですが、自分としては、もう少し新しいアイデアにチャレンジするような思い切りが必要じゃないかと感じていました」

「そう考えると、この活性化プロジェクトという新しい仕組みの下であれば、タニタ開発部という枠組みをいったんはずすことができるかもしれない。自分の世界が広がるのかなと思いました」

──新しいことにチャレンジするチャンスだと？

「そうですね。ただ不安定になるのではないかとすごく怖かったので、すぐには決断できず、もう少し詳しい話を聞きに行きました。そこで収入の見通しを具体的に示してもらったり、確定申告の際に税理士さんがサポートしてくださる体制があると教えてもらったりしました。私は本当にズボラなので無理だと思っていたんですが、いろいろ相談できる体制があるのなら大丈夫かも、と急に心強くなりました」

「夫が同じ会社にいるというのもあるんでしょうけれども、収入が仮になくなるとしても死にはしない。お金より新しいことをやれるという魅力の方を強く感じて、参加してみようと決心しました」

――**新しいチャレンジの中身としてはどういうことをやりたいと思っていたのですか。**

「そんな大げさなことではなくて、本当にちょっとしたことです。例えば、無味乾燥な数字を、変換計算によってイメージしやすいものに変えて提示するとか。そういうことが得意で好きなので、それを生かせればと考えました」

――**もうすこし具体的に言うと？**

「例えば、『同じデスクワークをして、ある人は200キロカロリーを消費していて、別の人は400キロカロリーを消費しています』と数字で出されてもピンとこないですよね。それを、おにぎりだと何個分、ビールだと何杯分になるかを計算して『座り方をちょっと変えるだけで同じ8時間仕事をしても帰りにビール2杯飲めるようになりますよ』という形でマンガっぽく表現するとか。あとはベクトルがすごく好きなので、グラフを面白おかしく視覚化するといったことですね」

「いままでですと仮にそういうアイデアがあっても、『それは開発部のやる仕事じゃない』という理由で却下されてしまうわけです。ですから陰でこっそり事業部の人に『何かの資料に使ってください』とお渡しするしかなかったんですけど、『開発部』という枠にとらわれなくなれば、もうちょっとおおっぴらにできるかなとか」

──これまでは単に好きなことをやって誰かが喜んでくれるのであれば無報酬でいいと思ってやっていたけれども、活性化プロジェクトのメンバーになれば、本当に誰かの役に立つのであれば、それを「仕事」として請けられるようになるんですね。

「はい。仕事の範囲が広がって、自分も楽しいし、人にも喜んでもらえるという良い循環が生まれるといいなと思っています」

──先ほどおっしゃった「体脂肪計や体組成計に少し手を加えただけのものじゃなくて、もっと思い切ったものを」という点についてはもう何かアイデアがあるのですか。

「すでに試作機を発表していますが、呼気ガスから消費脂肪量、脂肪燃焼量を表示する機器を開発しています。そこでもイメージを面白おかしく、わかりやすい形で伝えられればと思っています。そういう大きな商品の開発でも、社外の研究者や企業の方々とも積極的に組むケースが増え、開発部の一員として関わってきた時より自由度が高くなりました」

個人指名で講演・セミナーの依頼が急増

――外部の方とのコラボレーションはタニタの仕事としてですか？　それとも個人でしょうか？

「外部の方とやるのも、ほぼタニタの仕事としてですが、以前よりも自由な気持ちでお話しできるようになりました。それから、これは自分でも思ってもみなかったことですが、最近、社外から講演やセミナーの依頼をたくさんいただくようになりました」

「以前も年に数回は、タニタの開発部でどのように体脂肪計を開発したかとか、からだの仕組みをテーマにした講演の依頼はいただいていたのですが、『開発の仕事ではない』という理由でほとんど断っていました。お受けするのは、グループ会社の管理栄養士が対応できないような案件に限っていました」

「それが活性化プロジェクトのメンバーになってからは、開発部が内容について問題なしと判断すれば、わりと自由にお請けできるようになりました。個人的に指名されることも増えてきて、それは自分としてはとても意外でした」

――タニタ開発部の人としてだけでなく、西澤美幸さんという個人に対する依頼が増えたのですね。

「はい。私がどこかで講演するのを聞いた大学関係者の方が、『面白かったのでうちの大学でもやってくれませんか』と依頼してこられたり、『高専の10周年記念で何か話してほしい』とか、女子校の先生から『リケジョの生き方・働き方』について話してほしいと言われたりすることもあります」

「以前は、一度講演をして『また次回もお願いします』と言われても『すみません、個人では請けられないので、会社の広報を通して依頼してください』と言うしかなかったんですが、今は私自身が『やりたい』『できる』と思えば、自分で開発部の部長にかけあっています」

――そういうお仕事は頻度として、いまどのくらいあるのですか。

「年間10件くらいですかね。最近急に増えてきました。本来の仕事はデータの解析をして計算式をつくるとか、プログラムをつくるとか、部屋にこもってやるような仕事が多いのですが、活性化プロジェクトのメンバーになってからは人と接する機会が増えました。それはとても楽しいです」

名刺に「よろず解析屋」。領収書が足りない！

――名刺には「日本活性化プロジェクトメンバー」という文字を入れていらっしゃいますが、社外の人から「これは何？」と聞かれることはありませんか。

「時々聞かれますね。その際は『社内で新しい仕組みをやっていて、わりと組織にとらわれない自由な働き方ができるようになっているんです』という程度の説明をしています」

「それと最近、タニタの社名が入った名刺とは別にもう一種類、名刺をつくってみました。肩書きは『よろず解析屋』です。楽しんでやっているので、そう名乗ってみました」

――なるほど、この名刺を出せば、「タニタの人」というより西澤さん個人がどういう仕事のプロなのかわかってもらえるのですね。

ところで、活性化プロジェクトのメンバーになることについて、同じ社内で働くご主人の反応はいかがでしたか。

「すごくびっくりしていましたね。それと同時に、本当に私はズボラなので『大丈夫なの？　税金とかちゃんとわかってるの？』とものすごく心配されました。私としてもそこを突かれるとぐうの音も出ないのですが『とにかくやってみたい』と言い続けまして、最後は『まあ、ダメだったらその時に考えようか』と言ってもらえました」

――とはいえ、一度活性化プロジェクトのメンバーになると、後になって「やっぱりダメだったから元に戻ります」というわけにはいかないですよね。退職金ももらうわけですし。

「そうです。そうなんです。ですから退職届を出す時には、もう手が震えてしまって（笑）。素行が悪くて『お前なんかもう契約しない』と言われたら、もうおしまいなんだと思って、かなりガクガクしました」

――実際、メンバーになって、先ほどご自分で「ズボラ」とおっしゃっていましたが、領収書などはしっかり管理されましたか。

「それが全然ダメで。ちゃんと管理しなきゃいけないという説明は一応聞いていたんですけども、かなり抜けてしまって……」

「後から聞くと、パソコンのソフトを買った代金だとか、外部で研究室の先生と打ち合わせをするのに使ったお茶代とか、出張の際の交通費とか、そういう領収書も取っておかなきゃいけなかったのに、全然取ってなくて。税理士の方からも『もう少し経費をきちんと計上できたらもっとメリットがあったのに』と言われました。夫からも『やっぱりねぇ』と呆れられました」

「ただ、社員の時よりは仕事も増えているので、手取りの収入は増えました。それに私としては気持ち的にすごく自由に楽しく仕事ができたので、まあいいかなと。経費については、これからはちゃんと領収書を取っておこうと思います！」

ＰＴＡの役員も可能に。子どもには「働く姿」を

――西澤さんはワーキングマザーでもありますが、生活全体についても何か変化はありましたか。

「たまたまなんですが、子どもの小学校のＰＴＡの役員になりまして、結構学校に行かなければいけない用事が増えたんです。でも活性化プロジェクトのメンバーになったおかげで時間の融通が利くので、午前中はＰＴＡの会合に出てから行くとか、登校時の旗当番をやってから行くといったことが自由にできるようになりました」

「実は子どもが小学1年生の時にも役員をやったことがあったんですが、当時は社員

だったので、結構時間をひねり出すのが大変でした。上長の許可を得るのも心苦しくて、周囲にも気を遣わなければいけなかったんです。でも今は成果を出しさえすれば必ずしも会社にいなくてもいいので、『今日は家でやります』と言いやすくなりました」

──家で仕事する機会はかなり多いのですか。

「私は本当にズボラな怠け者で、家にいるとダラッとしてしまうので、基本は会社に来るようにしています。ただ締め切りがあるような仕事で、切羽詰まってくると家ですることもあります。そうすると、子どもが私の仕事をする姿を見ることができるので、それはそれで面白いなと思っています」

──面白いというのは？

「息子の反応が変わってきたんです。彼は以前、会社のクリスマスパーティーに来たことがあって、会社は夢のように楽しいところだと思っていたようなんです。彼からすれば、優しいお兄さんやお姉さんに相手をしてもらえるし、おいしい食べ物はあるしで『ママはあんなに楽しいところに毎日お仕事に行ってずるい！　学校に行くよりずっと会社に行くほうが楽じゃないか』と。私がどんなに『いやいや、あれは特別な日で、普段は涙が出るような辛い仕事もしてるんだよ』と話しても、全然信じてもらえなかったんで

す。それが最近は家で仕事をする姿を見ているので、『実はママも大変なんだな』というのがわかってもらえたみたいです」

──頑張ってるママの姿を見せられると。

「はい。私は本当に家でもダメな面ばかり見せていて、『ママはよくそんなことで会社でやっていけるね。俺が会社に行ったほうがいいよ』なんて言われていたんですが、一応、すごく難しい計算などをしているってことが息子にもわかって、少しは見直してもらえるかなと。私がワーッと仕事に入り込んでいる時はちょっと怖いくらいかもしれませんが、それも含めて、子どもに働く姿を知ってもらえるのは、とてもいいことだと思います」

海外現地法人からも引っ張りだこに

──活性化プロジェクトのメンバーになってからは、海外に行かれることも増えたそうですね。

「子どもができる前は年に1、2回海外に行っていましたが、産休から復帰後はほとんどそういう機会がなくなっていました。それが一昨年くらいから、体組成計の新しい売り出し方について聞かれたり、海外で研究している先生にデータ解析についての相談を受けたりするような機会が増えました。そうして1回呼ばれると、また次、またその次も来て、と声がかかるようになりました」

「これは海外の現地法人の方から言われたのですが、活性化プロジェクトのメンバーに私がなったことで声をかけやすくなったそうです。例えば欧州の現地法人が私を呼ぼうと考えた時に、以前は開発部を通さなくてはならなかったのですが、今は私個人に相談すればいいので、プロセスが簡単になったと。そこがだいぶ違うようです」

――いま50歳ですが、将来についてはどのようにお考えですか。社員だと定年がありますが、個人事業主には年齢の区切りはありません。自分のやりたいことや、いつまで働くかについて、何か考え方が変わりましたか。

「私たちの仕事ですと、年齢を重ねていくと数値の解析やデータの解析の力がだんだん鈍ってくるという不安があります。経験を重ねている分、コツは習得しているので、若い時よりも効率が良くなる面もあるのですが、全体としては鈍っていくリスクもある。そうなった時に、社員だと辛いだろうなとは常々思っていました」

「でも活性化プロジェクトで個人事業主になったことで、そういう不安を抱える必要がなくなりました。自分の衰え方と会社や社外から求められるレベルを見極めながら、自分なりのペースでやっていけそうな気がします」

「そう考えると先が楽しみになってきます。年齢を重ねても解析する力が維持できて、新しいものに関わることができるのであれば、結構がっつり仕事を続けることもできる。反対に力が維持できないようであれば、年齢に関係なく、少しずつペースを緩めていくとか、スパッとやめちゃうとか、いずれもありだなと思っています」

──社外で講演やセミナーをする機会が増えているとのことでしたが、年齢を重ねていくとそちらの仕事が増える可能性もありそうですね。

「そうですね。学生とお話ししたりするのは楽しいので、求められるのであれば、そういった仕事を増やしていくかもしれません」

──西澤さんの場合、社内での実績も豊富で、社外からも個人で指名がかかるような状況で個人事業主に移行されたので、ライバル会社や他社から転職の誘いもあるのではないですか。

「ははは。まあ冗談レベルで声をかけられたことは何度かあります。大変ありがたいことですが、私の持っている特性が一番生かせるのはやっぱりタニタだと思っています。他ではあまり使い物にならないんじゃないでしょうか」

マイペース型にはお勧め。ズボラでもなんとかなる!

――いま開発部の中では唯一の活性化プロジェクトメンバーですが、他の人にも勧めたいですか。

「私は勧めたいですね。ただきっと不安もあると思うので、絶対やった方がいいとまでは断言できませんが、『新しいことをやってみたい』『自分が出した結果をきちんと評価してもらいたい』と思っている人にはぜひお勧めしたいです」

「小さなアイデアを成果に結びつけて、なおかつそれを自分の実績にするのは、今の組織だとどうしても難しい面があると思います。例えば開発部の場合、大きなプロジェクトや、その時々の開発のテーマに沿ったものでないと、個人の小さなアイデアはなかなか生かされません。どうしても会社としては『そこに時間をかけるくらいなら、大きなプロジェクトの方をやってくれ』となってしまいますから。でももしそのアイデアが開発部以外の部署で役立つのであれば、それを『組織の枠に当てはまらないから』という理由で捨ててしまうのはもったいないと思うんです」

――活性化プロジェクトは、明確にやりたいことがある人や、面白いアイデアを生かして仕事をしたいと考える人には向いていると。逆に「言われたことを言われた通りにやるほうがラク。時給計算で、働いた時間分の給料がもらえればいい」という気持ちだと、難しそうですね。

「はい。マイペース型の人の方が向いていると思います」

――西澤さんは領収書もうっかりもらうのを忘れていたり、ご主人から「税金のこととか本当に大丈夫なの？」と心配されたりと、かなり別の意味でも「マイペース」な方のような……。

「よくおわかりで。本当に私、世の中の流れといろいろズレているので『美幸さん大丈夫？』とみんなに心配されているんです。活性化プロジェクトのメンバーになった時も、全く別の部署にいた方から『心配だから』と、個人事業主向けのノウハウ本を渡されたりして。ありがたいことではあるんですが」

――そんな西澤さんでも、活性化プロジェクトで収入を増やしてやっていけているというのは、もしかすると他の方に勇気を与えるかもしれませんね。

「絶対にそうですよ、本当にそう思います。こんな私でさえできているので、きっとみなさん大丈夫です！」

「日本活性化プロジェクト」
メンバーインタビュー
［第１期］

3
営業から企画へ、生まれた新たなやりがい

久《く》保《ぼ》彬《あき》子《こ》
ブランド統合本部　新事業企画推進部

2018年、タニタはゲーム業界への進出を宣言して世間を驚かせた。進出第1弾のプロジェクトで責任者を務めるのが久保彬子(34)。活性化プロジェクトの第1期メンバーでもある。

学生時代は陸上選手として活躍し、体育の教師を目指していたという久保は、そのガッツを生かし営業畑で約10年間活躍。飲みっぷりもよく、社内外に飲み友達が多数いる。個人事業主へのチャレンジにはそうした仲間からの後押しや応援もあったという。

Profile
2007年入社。国内営業を担当し、2017年、活性化プロジェクトメンバーに。同時に「新事業企画推進」担当になり、社長の特命案件である「ツインスティック・プロジェクト」の責任者に抜擢される。

先輩たちに憧れて

――営業を約10年経験し、新設された「新事業企画推進部」への異動と同じタイミングで活性化プロジェクトメンバーにも手を挙げられたのですね。

「はい、話を聞いてすぐに心が動きました。もともとは新事業企画の仕事をしたいという気持ちがありました。たまたまなのですが、他の会社で働いている女性の先輩で新規事業立ち上げの部署のマネジャーとして活躍している人がいて、私もそういう仕事に憧れがあったのです。それでせっかく部署も変わり、働き方についても新しい制度ができるのであれば、チャレンジしてみたいなと」

「他にも仲良くしていただいている40代くらいの先輩がいて、みなさん、多種多様な働き方をしています。大企業の中で自ら手を挙げてリーダーになった人もいますし、やめて独立された人もいらっしゃいます。そういう先輩方を見ていて、私もああいう40代、50代になりたい。そのためには、いまから力をつけていかなくてはという気持ちもあったんです」

――独立してフリーランスで働いているロールモデル的存在がいらしたのですね。

「そういう人を見ていて、じゃあ自分が完全にいまフリーになれるかといったら、そこまでの実力は多分ないんですが、ある程度、収入源を確保しながら力をつけていけるのであれば、それはチャンスかなと思いました」

大フリーランス時代が到来。専門職以外でも道はある

――フリーランスで働いている女性の先輩方は、どういう職種なのですか。

「料理研究家やラジオのＤＪ、デザイナーなど、どちらかというと専門職系が多いですね。総合職的な分野はまだ少ないです。でも、『大フリーランス時代が来る』とよく言われていますよね。これからはプロジェクトごとにメンバーがどんどん入れ替わっていくような仕事のやり方が増えていくし、企業単位より個人単位で仕事をしていく時代になる。そういう未来はもう見えていると思います」

「専門職でなくても、例えば私もやってきた営業や、プロジェクトマネジャー的な仕事でもフリーランスでやっていく先例も出てきています。そういう時代なので、なるべく早く動き出したほうがいいだろうとの思いもあって、活性化プロジェクトに手を挙げま

した」

――かなり世の中の動きに敏感で、以前から社外の人とのつながりもあるようですね。

「仕事で知り合った人もいますし、私はお酒が好きなので、そういうコミュニティーでつながっている人もいます。そこで自分がやりたいことを話しているうちに、人を紹介してもらったりして、幅広い世代の方々と知り合う機会ができました」

――そういう社外の先輩に、活性化プロジェクトへの参加について相談しましたか。

「はい。賛成してくれる人と逆に止めてくれる先輩と半々でしたね。無責任に『面白そうじゃん、やればいいじゃん』ではなくて、『やるにしても浮き沈みは激しいよ』とか、『実力がないうちにやるのはリスクが大きい』とかご自身の経験も踏まえて教えてくださったのは有り難かったですね。両方の意見を聞くことで、私自身も覚悟ができました」

上司からは「やめとけ」、両親からは「理解不能」

――では覚悟を決めて、あとはすんなり？

「とはいかなかったですね。まず、当時の営業部の上司からは『やめておいたほうがいい』と言われました。同じタイミングで異動も希望していたので、同時に個人事業主になるのはさすがに大変だろうと思われたんでしょう」

「でも上司以上に、一番心配したのは両親でした。父は公務員でしたので、『雇用されないで働くなんてとんでもない。しかも、自分から安定を捨てるなんて理解不能』という感じで。親も含めて60代以上の人に理解してもらうのは、なかなか難しいなと思いました」

「逆に、私はいま自分が会社と個別に業務委託契約を結んでいることは社外でもバンバン言っているんですが、企業に勤めている同世代の人からは『いいなあ』と言われることは多いです。自分の会社にもそういう制度があったらぜひやりたいという人が本当に多いですね」

誰と働くかが大事

──もともと社外のネットワークもあったということで、個人事業主として働き出してから社外の仕事も始めたのですか。

「はい。一昨年は食品関係の会社の業務に携わっていました。私に影響を与えてくださった女性の先輩が立ち上げた会社で、大手食品会社の子会社です。ちゃんと名刺もつくりました」

「そこでは、大手食品会社との兼務で入っている人と、私と同じく業務委託で入っている人とが入り混じって働いていました。将来は、プロジェクトごとに社内・社外の関係なく、興味がある人が集まって仕事をし、成果を出すといった働き方ができればいいとすごく思いました」

――これからの時代は、何をするかも大事だけれども、「誰と働くか」がより大事になってくると言われていますね。

「はい。とても大事だと思います。それも今回、活性化プロジェクトに手を挙げた理由の一つです。やっぱり私は好きな人と仕事をしたいと思っていて、そのためには相手にも、仕事相手として私を選んでもらわなくてはなりません。ということは、選ばれるだけの実力をつけておく必要があるなと。それともう一つ、私は年齢に区切りをつけずに、通常なら定年で仕事から離れる年齢になっても元気であれば働きたいと思っています。そのためには『雇われる』という形でなくても生きていける実力をつけておきたかったたんです」

ど素人で任命されたツインスティック・プロジェクト

──ずいぶん先まで見据えての決断だったのですね。現在は、タニタの新しいプロジェクトに注力しているそうですね。

「はい。『ツインスティック・プロジェクト*』は、社長の谷田がもともとゲーム好きというのと、ツイッターの公式アカウントでタニタとセガさんが仲良くさせてもらっていたご縁もあり、社長同士が会ったところから始まったプロジェクトです」

──その新しいプロジェクトをやりたくて異動願いも出したのですか。

「いえ。全く違って、社長から唐突に『お前がやれ』と言われまして。ゲームのことなんて私は全く知りませんでしたし、もともと私は教師になりたかったこともあって教育事業を立ち上げたいと思っていたので、なぜ私が？　と思ったのですが、社長には『最終的にお前がやりたいことにもつながっていくから』とかなんとか言われまして」

「あまりに唐突に巻き込まれて、倒れそうになりながらやっています。でも結果的にはこのプロジェクトを担当してよかったと思っています。もともと営業にいて、タニタの営業だとルート営業といって売り先が大体決まっているケースが多いのですが、初めて全くゼロからプロジェクトを立ち上げてそのリーダーをやる経験ができるので、とても勉強になります」

「なぜタニタがゲームなのか、というと、健康になるために何かをしましょうという堅苦しい形ではなく、楽しいこと、好きなことをしていたら結果的に健康になる——そういうことが実現できればという思いがあるんです。その意味ではゲームにはコアなファンがたくさんいらっしゃいますし、楽しんで健康になるツールとしては魅力的なのではないかと思います」

＊ツインスティック・プロジェクト＝セガゲームスが2018年2月に発売したゲームソフト『電脳戦機バーチャロン×とある魔術の禁書目録　とある魔術の電脳戦機』（プレイステーション4）に対応した操縦かん型のコントローラー「ツインスティック」をつくるプロジェクト。健康総合企業であるタニタにとっては、全く新しい事業分野への進出となる。

プロジェクトが立ち上がったのは、ゲーム好きで特にバーチャロンのファンだった社長の谷田千里がセガゲームスの松原健二社長に会ったのがきっかけ。その際、15年ぶりにバーチャロンを復活させる計画があること、しかし新作ではかつて絶大な人気を誇った「ツインスティック」は発売されないことを知った。そこで谷田が「タニタでツインスティックを作らせてほしい」と持ちかけた。健康総合企業のタニタがゲーム周辺機器の製作に挑むのはもちろん、クラウドファンディングで資金を集めるという手法も異例。その責任者を、ゲームのことを全く知らなかった久保が担うことになった。2019年6月現在、クラウドファンディングに成功し、商品化を進めている最中だ。

クラウドファンディングにも挑戦

――いまプロジェクトマネジメント的な新しい経験を積んでいる最中なのですね。

「はい。今回は、クラウドファンディングを使った新しいものづくりにもチャレンジしています。クラウドファンディングでは支援者から資金を募るだけでなく、支援者（＝購入者）の数を可視化することができます。この仕組みを使えば、ニッチな分野の商品であっても、たとえリスクの大きな投資が難しい中小企業であっても、商品化の可能性を広げることができると思っています」

「市場がニッチで、販売見込みが立てにくいツインスティックのようなプロジェクトが、クラウドファンディングで突破口を開くことができれば、日本の製造業復活のモデルになるという大きな夢もあるんです。そのクラウドファンディングで総額1億3000万円を超える資金調達にも成功し、いま、実際に商品をつくっているところです」

――頑張った成果が出てきていると。

「こういうことを言うとおこがましい気もするんですが、私は『女性の活躍』がずっと気になっているんです。タニタはまだ女性の管理職も少ないです。私は別に役職がほしいとかそういうことではなく、女性もプロジェクトのリーダーとして引っ張っていけるという実績をつくって、後輩たちにもそういう背中を見せたい。そんな思いがあるんです」

――志が高い！

「でも課題もあるんです」

——課題？

「いま、私にとっては休みがないのが課題です。自分自身のコントロールがまだうまくできなくて、健康総合企業で働いているのに、完全に健康を崩しそうになる（笑）。早く帰れと言ってくれる上司がいませんから、タイムマネジメントをどうするのかが私の課題です」

——土日もなく働いている？

「そうですね。土日も関係なく働いている気がしますね。もちろん時間の自由はきくので、午前中は少し休んで午後から出社、といったことができる仕組みなんですが、いかんせん、ツインスティック・プロジェクトは初めてのことだらけで、マネジャーとして仕込みから刈り取りまで全部やらなければならないので、スケジュールが詰まりに詰まってしまっています。あと1年くらいは大変なのかなぁと」

——このツインスティック・プロジェクトは、「基本業務」ではなく「追加業務」ですか？

「これは社長の特命案件なので『追加業務』です。ただ『基本業務』と『追加業務』の区分けは難しいですね。特に私は新事業企画推進部なので、新しいことをやるのが『基本業務』でもあり、でも新規だとプラスアルファになるという意味では追加でもあって（笑）。そのあたりが難しいですね。業務の内容にもよると思うんですけど」

――そこは契約がまだ曖昧になっていると？

「そうですね。それは反省というか、課題です。次回の契約ではそこをはっきりさせないといけないですね。ただ新規事業って仮説を立ててボールを投げてみないとそれが事業として成り立つかどうかわからない部分もあるので、そこはノウハウを積み上げていくしかないですね」

――活性化プロジェクトメンバーになって経済面ではどうでしょうか。西澤さんからは領収書を集め損なったという話をうかがいましたが、久保さんは？

「そこはバッチリ。税理士の先生からも一番メリットを享受しているんじゃないかと言われました。起業のスクールに通ったりしたんですけど、そういう勉強代とかも領収書をもらいましたし。個人事業主は人脈が大事なので、ある程度飲みニケーションにかかる費用も、経費になりますので。先行投資的にお金は使っています。ちゃんと税理士の先生からも経費として認めてもらえたので、効果はあったと思います」

会社が好きな人が独立する不思議

――今後、こういう働き方は広がると思いますか。

「先ほども申し上げたように、社外の人たちからはすごく羨ましがられています。『ものすごい冒険をしろ』というわけではなく『ウイングを広げたい人だったら広げていいですよ』という仕組みなので。やはり、タニタの仕事で収入の柱を立てられるという安心感は大きいですね。いま副業ＯＫの会社も増えていますが、それとも違って、私はこの制度の方が刺さる人が多い気がします」

「不思議なんですが、私自身も、同じ部署で同じように働いているタニタ公式ツイッターの『中の人』も、多分とても会社が好きなんです。逆にタニタが好きな人が活性化プロジェクトのメンバーに手を挙げているんじゃないかという気さえしています」

「このプロジェクトのメンバーになることで、他の仕事をやることもあるわけですが、現在の主軸はタニタにあるので、最終的にタニタに還元できればいいなと私は思っています。会社が好きなら、なんで正社員を辞めちゃうんだと言われるかもしれないですけど、そこはやっぱり、社員のままでいるより自分の仕事のレベルが上がる気がするので、それを還元したいなぁと」

30代はベストなタイミングだった

――成長はもちろん自分のためだけれども、会社のためにもなる……。

「はい。最初はそこまで思っていなかったのですが、このプロジェクトに参加することで自分の中で、整理ができてきた気がします。やっぱり自分は好きな人と一緒に仕事をしたいんだとか、定年後も働きたいとか、一本軸を置いて、片足でピボットするように働きたいんだとか、自分が仕事をする上で大切にしたいことが明確になってきた気がします」

「30代というタイミングも私にとっては良かったです。ちょうど30歳になった頃に、先ほどお話した女性の先輩に出会って刺激を受けて、今度は新しい働き方にチャレンジもできた。これよりタイミングが早すぎても、見逃していたような気がしますし、遅かったら逆に勇気がなくてできなかったかもしれません。そういう意味では30代半ばで、この先の働き方や生き方を考えることができて、すごくラッキーでした」

——今後はどういうチャレンジをしていく予定ですか。

「いまは『全部自分でやらなきゃ』と思って頑張っているのですが、自分の得意・不得意がもう少しクリアになってきたら、アウトソーシングできるところはしていきたいと思っています。例えば私はタスク管理が苦手なんですが、それを専門にしているフリーランスの方に入っていただくとか」

——ご自身が1人の経営者でもあるので、アウトソーシングできる立場にあるわけですね。社員であれば「アウトソーシングしたい」なんてなかなか言えないし、自分でそういう判断はできないですが。

「そうなんです。社内外のベストリソースを持ってくればいいので。いまはまだそれができていませんが、それこそ今後、自分のやりたいプロジェクトを立ち上げる時には絶対、外部から業務委託で入ってもらうモデルをつくりたいと思っています」

久保組の未来、社長への注文

——「久保組」のような形で、久保さんに頼むとプロジェクトチームをまるごと連れて

きてくれるイメージですか。

「そうですね。今後、そういう仕事の進め方ができればいいと思っています」

──先ほど、タニタが好きとおっしゃったんですが、タニタの何が好きですか。

「『〝はかる〟を通して世界の人々の健康づくりに貢献します』という企業理念が一番好きです」

──社長が好きというわけではない？

「ははは。そこはまた別ですが（笑）。でも最近、社長が外で講演する機会があって、私の知り合いがたまたま参加したらしいんです。それで『どうだった？』って聞いたら、『すごく良かった』というので理由を聞いたんです。そしたら質疑応答で『谷田社長の考える健康の定義って何ですか？』という質問が出て、社長は『幸せに自由に働き、縛られずに死ぬことです』と答えたらしく、なんだそんなことを思ってたんだと。普段もっと社員にも、そういった自分の思いを伝えればいいのにと感じました（笑）」

「日本活性化プロジェクト」
メンバーインタビュー
［第２期］

4
社外でも腕試し、フィールドは広がる

坪《つぼ》田《た》将《まさ》知《とも》
デザイン部

坪田将知（31）は活性化プロジェクトの第2期から参加を決めた。採用枠の少ないデザイン部に「12年ぶりの新人」として入社しただけに、個人事業主として独立する決断は周囲を驚かせた。活性化プロジェクトメンバーの中では現状では最年少だ。

小さい頃から絵を描くのが好きで、大学ではプロダクトデザインを専攻。「機能と美しさ、ブレない哲学性と実現性のバランスを常に考えることをモットーとしている」とか。カメラが趣味で、休日には写真を撮りながら気づくと3時間くらい歩いていることも。

Profile
2011年に入社して以来、デザイン部で商品デザインからパッケージデザインまで幅広く担当。2018年から活性化プロジェクトメンバーに。

「期待の新人」として入社。間近で見ていた父の苦労

──タニタのデザイン部はかなり少数精鋭ですね。

「自動車メーカーなどはデザインの部署に何百人も在籍していて、部品ごとにデザイナーがいたりしますが、タニタは人数が少ないんです。採用も毎年ではありません。僕自身、12年ぶりに入った新人でして、僕以前に入った新入社員はいまの部長です」

「僕が新入社員で入った時は部員が10人前後でしたが、商品の企画からできる優秀な人が多くて、途中でそちらの部署に異動した人もいるので、現在は少なくなっています」

「人数が少ないので、一人ひとりの担当範囲が広いんです。企画をやりながらプロダクトデザインもして、色も決めて、パッケージデザインもやる。最初から最後まで全部やるケースがほとんどです」

──デザイナーはいわゆる専門職で、活性化プロジェクトで独立するには最も適した職種と想定されていたようですが、最初にプロジェクトの話を聞いた時は、どう受け止めましたか?

「これまでも社外の人からデザインを依頼されることはありましたが、報酬をもらって

しまうと会社で禁止されている『副業』になってしまうので、できなかったんです。だから自分でやりたいと思ったものについては報酬なしでやっていました。でもこの活性化プロジェクトだと、そういった案件もきちんと仕事として請けられる。そこが魅力だと思いました」

「仕組みとしては自分が想像したよりもリスクは大きくないとは思ったんですが、やはり収入が不安定になりそうだというのは気になりましたね。僕の父親もフリーランスのインテリアデザイナーで、自分で会社を経営しています。その苦労というのをすごく見てきたので、1期目はちょっと躊躇《ちゅうちょ》してしまいました」

――お父様もずっとフリーランスだったのですね。

「はい。僕が物心ついた頃にはすでにフリーランスでした。両親は『やりたいことがあれば遠慮なく言いなさい』と言ってくれて、僕も普通の大学より学費が高い美術大学に行かせてもらったんですが、母からは、『収入が不安定で、時には貯金を切り崩すようなこともあった』と聞いたことがありました。親はそれなりに大変だったと思います。ですから自分もフリーランスになることには、ちょっとためらいがありました」

――親御さんにも活性化プロジェクトのことは相談されたのですか。

「はい。これまで父親と面と向かって仕事の話などしたことはなかったんですが、今回は父親にLINEでフリーランスという働き方はどうなのか聞いたりしました。本人も苦労した経験があるので、すごく長文の返信が来て、その制度は本当に大丈夫なのかと聞かれました」

「父親はタニタという会社はもちろん知っていますが、会社の内情やどういう考えの人がやっている会社なのか詳しくは知らないですし、活性化プロジェクトはやはり一見、人を切りやすくする制度のようにも見えますから。帰省した際にも直接いろいろ話をしまして、反対はされませんでしたが、『大変だから覚悟しなさい』というようなことは言われましたね」

1期生の仕事ぶりを見て決心。将来について語り合った

──それで1年目は先にメンバーになった人たちの様子をうかがっていたと。

「はい。会社が説明した内容は理解していましたが、やっぱり実際それで動いている人を見ないとわからないと思いましたので。でも1期生を見ていて、すごく、何か『回っ

てるなぁ』という感じがしたんです」

——回っているというのは特に誰かを見て感じたのですか？

「いえ、特定の人ではなく、みなさんを見ていて感じました。タニタはそんなに大きい会社ではないので、自分のいる部署以外の人もだいたいわかるんです。特に1期生の久保さんやツイッターの『中の人』とは年齢も近いので直接いろいろ話を聞きました」

「そうした中で、みんなが社員だった頃よりも仕事の幅を広げているという印象がありました。特に久保さんとは将来はこういう仕事をしてみたい、ああいう仕事もしてみたい、というすごくポジティブな話ができるようになったんです」

「通常だと、『将来こういうことをしたい』という夢について考える場合も、あくまでそれは『社内で』という前提つきになってしまうんですが、久保さんとはその前提を取っ払って話ができたんですね。社内か社外かに関係なく、こういう仕事が面白そうだからいまから手を出しておきたいとか、そういう話ができたことで、僕自身もすごく刺激を受け、意識が変わったと思います」

——「タニタの社員」という枠にとらわれずに、いろいろな可能性をもっと広げていけるというイメージがつかめた？

「そうですね。やはり可能性を広げるためには、新しい知識や技術を手に入れないといけません。そして、それを手に入れることで、逆に社内の仕事にも生かせることが山ほど出てくる。新しい価値観を得ることでいい商品が発想できるという効果もすごくあると思います」

やるからには本気で。報酬がある方が双方納得

──以前から社外でデザインの依頼を受けることがあったとおっしゃいましたが、それはいつ頃からどういう内容の依頼だったのでしょうか。

「大学の頃から、アルバイトというよりは、学外で学びたいという気持ちが強くていろいろ引き受けていました。クラスの中にすごい人がいて、その人を超えるためには、とにかく学ぶ機会を増やすしかないと思っていたんです」

「僕の専門は立体のデザインなんですが、立体だと製造ラインがないと難しいので、依頼が来るのはグラフィックが多いですね。名刺や作品集、CDジャケットのデザインなどが中心です」

――タニタに入社後も同じような形で依頼を引き受けてこられたのですね。

「はい。僕は大学が京都で、就職で東京に来た時に友人が全然いなかったので、友人を増やそうと思っていろんなところに顔を出していたんです。自己紹介で『デザイナーです』というと、結構珍しがられたり、面白がってもらえたりして、それで『今度デザインをお願いできませんか』という感じで頼まれるようになりました。毎月だいたい2、3件ですかね。それを休日とか夜とかにやっていました」

――活性化プロジェクトのメンバーになって個人事業主になれば、これまでボランティアでやっていた案件も、「仕事」として請けられるようになるわけですね。

「はい。それは大きいですね。やるからには自分の名前を出すので、中途半端なものは出せません。だから本気で取り組むんですが、そうすると、結構お金を取れるレベルになっちゃって、依頼した側から『タダじゃ申し訳ない』と恐縮されることも多くて。ですから、ちゃんと報酬が発生したほうが、お互いにやりやすいというのはあります」

「そういう外からの仕事も並行してやれば、収入面でもプラスになりますし、知識や技術も向上します。そういう意味では、デザイナーというのは活性化プロジェクトにとても向いている職種だと思います」

退職届の重み

──では、２期目の募集で手を挙げる時には、もうあまり不安はなくなっていたのですか。

「それでもやっぱり、状況が変わるということに対する不安はありましたね。やると決めて、周囲にも『やります』と宣言して、やるしかない状況に自分を追い込んではいたんですが、退職届を出すということに対してはとても恐怖心がありました」

──やはり退職届は重いんですね。

「はい。実際出してみると、全然大丈夫だったのですが、出すまでは怖かったし、ドキドキしました」

「ただ、退職届を出す前に、独立後の業務委託契約書の中身もしっかり詰めてもらえていました。その辺りは不安にならないように、会社が配慮してくれているのだと思います」

──上司にはどのくらい前から話をしたんですか。

「だいたい３カ月前には話をしたと思います。多分その時が一番緊張しましたね。上司からはすごく期待してもらっていたので」

――12年ぶりに入った新人でしたものね。

「ええ。それに部員が少なくなりましたので。いなくなるわけじゃなくて、そのままデザイン部の仕事を続けるのですが、いったん退職という点が上司からしてもなかなか複雑だったんだと思います。それに、まだ活性化プロジェクトのメンバーになっている人は一部なので、『本当に大丈夫なの』という心配の気持ちもあったようです。でも最後は、『自分がやりたいと思うのならやってみたらいいよ』と背中を押してもらいました」

もう残業代は出ない。効率を意識

――実際に個人事業主として仕事を始めてみて、いかがでしたか。

「心境としては最初すごくドキドキしたんですが、仕事についてはそれほど変わりないですね。そもそも制度自体が、業務内容を従来とあまり変え過ぎないようにする前提ですし。ただ、もう残業しても残業代は出ないとか、タイムカードの打刻がないとか、そういう違いはあります」

「基本的にはいまのところ毎日、これまでと同じように8時半くらいには出社して、17時半には終わるようにしています。残業代が出ないので、これまで以上に意識して効率的に仕事を進めるようになったのは確かです」

──社外の仕事を請けるペースは以前は月2、3件ということでしたが、それは変わりましたか。

「それほど変わっていないですが、友人とやっているカメライベントのグラフィックデザインの仕事などは、いままでその都度だったんですが、定期的に請けるようになりました。あとやっぱり個人事業主になったことを周囲に言うようになったので、『じゃあこれからは頼めるんだね』ということで、名刺のデザインなどの発注が前より増えました」

──社内からも「追加業務」として請ける案件もありますか。

「時々あります。自分から探しにいっているわけではないんですが、スケッチを描いてと依頼されることが多いですね。それこそ久保さんがやっているプロジェクトでもクラウドファンディングをやる際の商品スケッチを依頼されました」

「他には、デザイン部の中で、他の人がすごく忙しい時にその手伝いとして呼ばれることもあります。デザイン部の部長から『この金額でやってくれないか』と言われて請けるという形です」

「追加業務」の受発注は信頼関係が大事

――社員の時にはそういう他の人のヘルプの業務も、やってと言われれば追加の報酬などなしにやるのが当たり前だったけれども、そこは追加の業務としてしっかり別立てて払われるようになったんですね。

「はい。そう考えると、きちんと別に発注してくれるというのは、とても理解のある部長だなと思います。なかなかどこからが『追加業務』なのかは切り分けが難しいので、その判断は上司次第という部分がありますし」

「もちろん、こちらのほうから『これは、〝追加業務〟ですよね』と言って交渉もできるのですが、そこはやはり信頼関係で成り立っているところがあるんです。こちらも追加だという場合は、法外な値段を出したりせずに常識的な価格を提示しなきゃいけないでしょうし、依頼する側も『タダでやって』と強制したりしない。そういう関係を日頃からつくっておくことが大事だと思います」

──活性化メンバーの方からふっかけたりすると上司も「あの人には頼みにくい」となってしまうし、逆に遠慮してＮＯを言わないと「あれもこれも」とタダで頼まれて、「社員で残業代をもらったほうが良かった」ということにもなりかねませんからね。

「そうなります。そこはやはり信頼関係ですね」

──坪田さんは2期生なので、２０１９年が初めての確定申告ですね。ちゃんと領収書は保管していますか。

「はい。つい先週も３Ｄのテクニックを学びに３日間で11万円というセミナーを受けたんですが、そういう自己研鑽のための代金も経費になると聞いているので、ちゃんと領収書をもらいました。でも本当にきちんと確定申告ができるのか、収入的にもメリットを享受できるのかはまだわからないので、ドキドキしています」

枠から抜け出し将来を自由に発想。夢が広がる

──今後はどういう仕事をしていきたいとお考えですか。

「個人としてはやりたいことがとてもたくさんあります。いろいろな商品をつくってみ

たいですし、自分のブランドも持ってみたい。街中の看板デザインなんかもやってみたいですね。友達と、街をつくれたら面白いねとよく話しているんです」

「社員だと『街をつくりたい』といっても現実味がないですし、『あなたの立場で何を言っているの？』と言われて終わりです。仮にそういう発想が出てきても自分で潰してしまうようなところもあります。そこを自分に制限をかけずに、本当に自由に発想して、夢に向かって自分で準備していくことができているというのはすごくいいですね。ワクワクします。周囲にクリエイティブ関係の友達も多いので、その人たちと面白いプロジェクトをやりたいね、と話をすることも増えました。結構盛り上がります」

――大学時代の友人でフリーランスになっている人もいるのですか。

「ほとんどは企業に所属しているインハウスデザイナーなので、僕がタニタでこういう新しい働き方を始めたと話すとすごく羨ましがられます。やはり完全にフリーランスとして仕事をするというのは、一切収入の保証がなくなるので、不安定ですよね。そのリスクを冒さずに外でも仕事ができるという点で、恵まれていると言われます」

「もちろん100％のフリーランスではなくて、この制度の枠内にいることで、社内の仕事をするためにある程度時間を拘束される、というデメリットもあります。でも、い

K
K
S

きなり完全にフリーでどうぞ勝手にやってくださいと言われるよりはとてもメリットが大きいと思います」

――今後はタニタ以外の仕事を徐々に増やしていこうという計画ですか。

「やはり社内の仕事だとどうしても体重計とか体組成計、タイマーなどを扱うことが多く、偏りが出てしまうので、自分のデザインの幅を広げるためには、社外の仕事も積極的にやっていきたいと思っています」

――働き方については2年目以降、何か変えていくようなプランはありますか。

「契約交渉はこれからなんですが、いまは週5で会社に来ているのを週4にして、金曜日は完全に外に出る日にしたいと思っています」

「これはどの会社にいてもそうだと思いますが、どうしても社内にこもっていると、インプットの量が減ってしまいます。ですから、例えば金曜日は美術館に行くとかスケッチに出かけるとか、そういう風にできれば、スキルも上がっていくんじゃないかと思っています。休日に美術館に行ってもすごく混んでいて、ゆっくり見られないんですよ。それは前から不満に思っていて、ずっと平日に行きたいと考えていたので、そこは、今回うまく交渉できたらいいなと思っています」

第2章

戸惑いと疑心暗鬼を乗り越えて

上司たちによる誌上座談会

誌上座談会の参加者

打越 亘（46）……**ライフソリューション営業部部長**

加藤純と中谷春菜（いずれも第1期）の上司

※加藤は第1部第4章で紹介した「家業を継ぎながらタニタの仕事を続けるために活性化プロジェクトメンバーになった人」

※中谷は第1部第3章で紹介した「入社2年目で活性化プロジェクトメンバーになり、その後、外部のコンサルティング会社へと巣立った人」

蔦谷 孝夫（54）……**開発部部長**

西澤美幸（第1期）の上司

長澤 淳也（53）……**ブランド統合本部本部長**

タニタ公式ツイッター「中の人」と久保彬子、松ケ瀬浩武（いずれも第1期）の上司

長谷川 祐司（60）……**取締役**

中村 英治（60）……**取締役**

※このほか、第1期メンバーには、パソコンやスマートフォンのアプリ、通信関係の設計・開発をしている武藤有悟と、当時、総務部長で現在は社長補佐ならびに「日本活性化プロジェクト」の仕組みづくりを担当している二瓶琢史（第1部第3章で紹介した、「谷田と二人三脚で制度設計に取り組んだ総務部長」）がいる。武藤の上司は、スケジュールの関係で不参加。二瓶の上司は社長の谷田となるが、参加者が本音で話ができるようにするため、参加しなかった。

ああ手を挙げちゃったか

――部下から「活性化プロジェクトのメンバーになります」と宣言をされた時の率直な感想を聞かせてください。

打越：「案の定、手を挙げたな」というのが正直な気持ちでした。活性化プロジェクトができると知った時点で、おそらく加藤さんは手を挙げるだろうと予想はしていたんです。彼は、営業だけでなく商品企画もこなす「万能タイプ」。私は常々、彼を一つのことだけに縛り付けておくのはもったいないと思っていました。それに彼自身が実家の園芸業を継がなければいけない立場なのも知っていましたから、活性化プロジェクトメンバーになることでタニタを離れずに済むのならとてもいいなと思いました。

蔦谷：私も西澤さんに関しては、開発部に納まりきれるような人ではないと感じていたので、手を挙げることはある程度予想していました。これまでも社外から問い合わせや講演の依頼がかなり来ていましたし、社内でも開発部以外からも頼りにされていましたから。でも実際に言われた時は「ああ、手を挙げちゃったかぁ」と思いましたね。

――その「ああ、挙げちゃった」というのは？

蔦谷：何しろこちらも初めてのことなので、戸惑いの気持ちも半分こもった「ああ」でしたね。

長澤：私は正直「随分と後先を考えずにチャレンジするんだな」と思いましたね。公式ツイッターの「中の人」も久保さんもまだ30代半ばで若いですし、これから住宅ローンを組む可能性もあるわけで、それを考えると勇気があるなと。

ただ、実際に始めてみると、彼らの仕事自体が新しいビジネスの開拓なので、活性化プロジェクトの趣旨とも合っていますし、うまく回転していると感じています。

「イメージできない」「社員といがみ合い?!」

――プロジェクトがスタートする前には、役員の方々から反対の声も上がっていたそうですが、何が一番気がかりだったのでしょうか。

長谷川：私自身ずっとサラリーマンでやってきたので、この活性化プロジェクトがどういう形になるのか実際のイメージが全く湧かなかったというのが大きかったですね。もちろん社長は常々「社員の幸せが大事」とか「社員の収入を増やしたい」と言っていたので、その観点からの「働き方改革」の一つだと理解はしていました。ただ、制度の詳細について明確になっていない部分もあり、そんな状態で本当にスタートして大丈夫なのかというのが一番の懸念材料でした。

中村：社長はなんでも「まずやってみて、やりながら変えていけばいい」という考えの持ち主で、それ自体は否定しません。けれども私が一番心配したのは、社員として残る人と、活性化プロジェクトのメンバーになる人との間で「対立関係」や「いがみ合い」が起きないかという点です。それで社内がギクシャクして業績悪化につながるようなことになっては元も子もありませんから。

波風が立つケースも。個人の資質がカギ

──その点について、プロジェクトが始まって「いがみ合い」が起きるようなケースもありましたか。現場での実感を教えてください。

打越：私も、部署内への影響については当初心配したのですが、営業部に関して言いますと、特に問題はありませんでした。加藤さんは活性化プロジェクトのメンバーになっ

たからといって、社内の規律を乱すようなことは一切なかったですから。彼は社員時代と同じ時間帯で働いていましたし、部下の育成も非常に熱心にやってくれて、なんら変わるところがありませんでしたので、周りもすんなり受け入れていました。

蔦谷：開発部でも軋轢《あつれき》などはなかったですね。逆に、通常の業務としては頼みにくいような案件も、活性化プロジェクトのメンバーになったのだからということで、頼みやすくなりました。

長澤：周囲との対立関係が生まれるかどうかは、制度というよりも個人の資質の問題だと思います。活性化プロジェクトのメンバーについては、もちろん時間管理は本人に任されていますから、これまでと同じように出社する人もいれば、そうでない人もいる。職場の忙しさなどその時々の状況にもよります。ですから、チームの雰囲気や全体状況を見て、自分がどう行動すべきかを判断できるかどうか、個人の資質次第だと思っています。

――実際に、何か問題になったこともあるのでしょうか？

長澤：まあ、社員の中には「あまり（活性化プロジェクトメンバーに）自由にやられると面白くない」という人は出てくるでしょうね。課題はだいたい二つあって、一つはいま言った出勤の問題。もう一つは「追加業務」についてです。

いままで同じ「社員」という立場で、「一つの目標に向かって協力して頑張りましょう」というアプローチだったのに、活性化プロジェクトメンバーになった途端に態度を変えられるようなことがあると、やはりギクシャクします。最初から外部のフリーランスであれば同じことをしても問題はないかもしれませんが。

例えばチームのみんなが夜なべで頑張っている時に「僕は活性化プロジェクトメンバーなので、家でやります」と言われたり、「基本業務」からちょっと外れた仕事が発生した時に、なんでもかんでも『追加業務』です。お金を払ってもらわないとやれません」みたいなことを言われたりすると、やっぱり周りは良く思わないじゃないですか。その辺りの気遣いというかバランス感覚は必要でしょうね。

そもそも個人事業主であるならば、仕事を請ける際には、周囲と軋轢が生まれないように配慮しつつ、もらうべき対価はきちんともらう、というのは当たり前に持っているべきスキルだと思います。それがあるかないかは個人によるということです。

若い人の目標に。上司もゆくゆくは？

――現場で見ていて、活性化プロジェクトのメンバー本人や周囲の人たちにはどのような変化がありましたか。

蔦谷：西澤さんに関していえば、本人は大変だとは思いますが、これまで以上に多くの仕事をこなしている印象があります。時間や場所の制約がなくなったことで、やりやすくなった面も大きいようです。特に周囲に迷惑がかからない場合は、午後は自宅勤務にするとか自由にやっていますし、お子さんの学校行事がある時なども動きやすくなったようです。

打越：私の部署では、特に若い人たちにとって、「活性化プロジェクトメンバーになる」というのがある種の目標になってきているように思います。実際、何人かがメンバーになることを真剣に検討しているという話も聞きます。「スキルをつけるとこんな道が開ける」という事例を目の前で見ることができるので、とてもいい刺激になっているのではないでしょうか。

私自身は、まだ子どもが小さいのでもう少し足場を固めたい思いもあって、すぐにメンバーになろうとは考えていませんが、先々の選択肢としては「ありだな」と思えてきました。

例えば10年後、両親の介護などが切実な問題になった場合、もちろん介護休業の制度などもありますが、それだけではなくメンバーになることも選べるというのは安心材料になりますね。

長澤：「中の人」は特に、社員の枠から抜け出してよかったと思いますね。彼はツイッターで多くのフォロワーを抱えていて、独自の運用スキルも持っています。そこは客観的にも高い評価を得られると思うのですが、既存の「社員」の枠組みの中だと、「そうは言っても仕事の一環でしょ」という風にしか評価されません。彼のように特定のスキルで会社に貢献しているような人には、活性化プロジェクトはとてもいい仕組みだと感じます。

向く人、向く職種

──活性化プロジェクトメンバーに向く人や、逆に向かない人はいますか。

打越：職種によって向き不向きはあるでしょうが、私自身、営業の仕事でそれなりに人脈も培ってきているので、それを生かす道があるのではないかと思っています。社内の同世代ともそんな話はしていますね。

蔦谷：専門性が高いという点で開発部門はかなり向いていると思います。ただ、個人の資質にもよりますね。チャレンジ精神が旺盛な人には向いているでしょうが、与えられた仕事しかできない人や、やろうとしない人だと難しい。

長澤：活性化プロジェクトのメンバーになることはできても、本当に大事なのは、その後、個人事業主としてちゃんと生き残っていけるかどうかです。私は専門的な知識やノウハウを持った人でないと生き残りは難しいと感じています。

ただ逆に、専門性をそこまで身につけていない段階でメンバーに移行してしまった人は、お尻に火がついて必死に努力するでしょうから、成長のスピードが社員の頃より加速する効果はあると思います。その際、会社側もしっかりサポートしてあげることが必要だと感じています。

中村：活性化プロジェクトメンバーになるかならないかを選ぶのに、仕事の内容や収入以外の観点もあると思います。それはこれまでサラリーマンとして歩んできた過去をどう考えるかです。
せっかく部長になるまで頑張ってきて、この先の昇進も望めそうだという人が、それをある意味投げ捨ててメンバーになるかどうか。これまでの会社員人生とは違う道を歩むわけで、本人の価値観や人生観に依るところが大きいと思います。

「基本業務」と「追加業務」切り分けの課題

――活性化プロジェクトメンバーからは、どこまでが「基本業務」でどこからが「追加業務」なのかの切り分けが難しいという指摘がありました。所属部署の長としてはどのように感じていますか。

長澤：確かに切り分けは難しいですね。まずは年初に本人と話し合い、「基本業務」としての目標を明確にして、その年の報酬を決めて契約します。そしてその達成度合いに応じて、翌年の報酬を決めるという流れです。「追加業務」は2種類あって、一つは、「基本業務」の範疇になくて新たに付け加わった業務で、もう一つは、「基本業務」の中ではあるけれども、当初想定していた目標をはるかに超えて、成果を出した場合の達成型報酬です。

前者の事例としては、補助金の申請代行業務や講演活動の受託などですね。これは本人が自らのスキルを生かして業務を見つけて提案するスタイルをとっています。

一方、後者の達成型報酬は、例えば「中の人」だと、フォロワー数がどのくらい増えたか、話題づくりがうまく、リツイートが去年のピークをどのくらい超えたかによって決まる。そういうイメージです。

打越：営業はだいたいのことが「基本業務」になりますね。ノルマを持つのも当たり前ですし、「売上をこれだけ取ってきました」と言われても、それは当然だよねという評価になりますから。

よほど新しい顧客を開拓したとか、同じ業務であっても飛び抜けた成果を上げた場合は、成果報酬という形でインセンティブを払います。

ただ、本人の思いと周りの評価が食い違う場合もあるでしょうし、部署ごとの特性もあるので、なかなか「切り分けについてはこれが正解」という方法はありません。

一方で、「追加業務」の中の「達成型報酬」部分を充実させていかないと、活性化プロジェクトメンバーもモチベーションが上がらないという側面もあるでしょう。どのように双方が納得できる切り分けをするのかはこれからの課題だと思います。

人材流出リスクとの整合性は今後の課題

――現状では他にどんな課題が浮かび上がっていますか。

長谷川：現在は、３年間はタニタで働ける契約を毎年更新していますが、３年後には契約を更新せずに人材が流出してしまうリスクもあるのでは、というのが心配ですね。*1

３年の間に、タニタの業務を十分に行うことが前提ですが、原則他社の仕事もしていいことになっていますから、引き抜かれるとかそういう可能性もあるでしょう。まだ３年経ってないので、結果どうなるかはわかりませんが、そのリスクは若干あると思います。

*1 谷田補足：３年契約を毎年更新していくため、１年が経過するごとに活性化プロジェクトメンバーが契約を更新するかどうかがわかります（巻末資料１「④業務委託契約」を参照）。このため、契約終了の２年前にはその動向がわかりますので、事前の人事施策で対応でき、リスクになるとは考えていません。制度に対する理解が十分に及んでいないのかもしれませんね。

中村：一方で、社外の仕事をするにあたっては、その業務内容についてタニタの社内審査があり、まだ本当の意味でフリーではありません。この制度を完璧にやるためには、こうした垣根を取り払う必要があります。そのあたりをどう整理すれば良いのかが課題と言えば課題でしょう。＊2

＊2 谷田補足：本来、個人事業主の取引先や業務内容は審査できないものだと考えています。社外の仕事を受ける場合、関係性が良好だと外部から受ける業務内容を事前に報告してもらえます。もちろん、何も言わない人、後から言う人もいますが……。現在の関係性は良好なため、ほぼ事前に報告してもらえていますが、これは、外部から受けた業務が、タニタから委託している業務を圧迫するようなことがないかをチェックするためです。仮に圧迫する場合でも、個人の成長になりそうだとか、人脈が増えそう、本人の熱意が相当高い場合などは、許可します。そもそも普段の勤務の様子や業務成果などを評価者がよく見ていれば、社外の仕事ばかりをやっていないか確認できますし、さらに「日本活性化プロジェクト」自体の効果検証をする目的で税理士とメンバーの確定申告の数字を見ているため、この過程である程度、外部の仕事を受注しているかがわかり、これらを踏まえて次回の更新時の契約内容を決めることができます。このため、社内審査というほどの大それたことは行っていませんし、このような理由から社内審査は必要ないと思っています。

選択肢があることが採用時のアピールに

――まだまだ過渡期で解決すべき問題が残されているという認識ですね。２期目からは役員自身も活性化プロジェクトのメンバーになりましたが、ご自身でやってみてどのようなことを感じていますか。

中村：自分自身でやってみて制度についての理解もかなり深まったし納得もしたと思います。それに、経費や税金についての意識は確実に高まりました。いままでは自分でわからないところは税務に詳しい妻に任せていましたが自分で勉強するようになりましたし、税金についても、払った分が本当に有効に使われるのかどうかに関心を持つようになりました。

私は移行する人もしない人も両方いていいんだと思います。移行する人に関しては、個人事業主になった当初というのは、いまの社会の現状ではなかなか住宅ローンを借りにくいといった問題もあります。そこは会社としていろいろ取り組んでいますし、一つひとつ課題をクリアしながら進めていっている点はとても良いと思います。

一歩踏み出せない人が気軽に相談できるような雰囲気がもっと必要でしょうね。共栄会ももっと頻繁に説明会を開いて、メリット・デメリット両方をざっくばらんに開示していけばいいと思います。

長谷川：こういう働き方もできるという選択肢があることは、採用の際のアピール材料にもなると思います。これから会社組織もどんどん柔軟になっていかなくてはならないし、働く人それぞれが自分自身で将来を設計していく時代になりますから。特に制約なく働きたい人にとって、この活性化プロジェクトが、有効な仕組みになっていくことは確かだと思います。

エピローグ

日本のビジネスパーソンを元気にしたい！

「優秀な人材に、タニタで働き続けてもらうにはどうしたらいいのだろう」

この取り組みは、そんな自社都合の発想から始まりました。しかし制度づくりを進めているうちに、**「ひょっとすると、この仕組みで日本のビジネスパーソンを元気にできるかもしれない」「そうすれば日本全体も活性化できるのではないか」**という思いが強まってきました。

そして最終的には「日本活性化プロジェクト」という大それた名前までつけ、本書で世に問うことになったのですから、不思議なものです。

「報われ感」へのこだわりは自らの苦い経験から

第1部でも触れたように、私が「日本活性化プロジェクト」を始めるにあたって、一番意識したのは、働く人の「報われ感」を最大にすることでした。私がそこにこだわったのは、自分自身の苦い経験があるからです。少し長くなりますが、私の経歴も含めてお話ししましょう。

私は小中高を東京の立教学院で過ごしたのですが、進学の際にどうしても親の敷いたレールに従うのが嫌で、手に職をつけようと調理師専門学校に進みました。

もともと頑固なタイプだったので、父親とよくケンカをし、その度に父から「食わせてやってるのだから言うことを聞け！」と言われ、それが悔しくて「早く一人で食べていける力をつけよう」と考えたのです。4人の子どもの面倒を見て忙しい母を助けようと、母の手伝いをよくしていたので、もともと料理は好きでした。

しかしその後、腰を悪くして調理師として働く夢が絶たれたため、家庭科の教員を目指して短大に入り、その後恩師の勧めで佐賀大の理工学部に編入しました。卒業後は、アミューズメント関連会社を経て、船井総合研究所（以下、船井総研）に入社しました。

その船井総研で私はがむしゃらに働き、勉強しました。もう20代後半でしたから焦りもあり、同僚や先輩に追いつこうと必死だったのです。全国を飛び回り、コンサルタントとして企業のトップの方々と会い、実に多くのことを学びました。そして徐々に、子どもの頃反発していた父に対して「実はすごい人だったんだ」という尊敬の念が湧いてきました。

やがて父との関係も改善し、ついには父から「タニタに来てほしい」と言われたのです。船井総研での仕事にはやり甲斐を感じていましたし、ここまで育ててもらったご恩もあるので、迷いましたが、周囲からも温かく送り出してもらいました。

ところが、意気揚々と入社を決めた私は、いきなり冷や水を浴びせられました。人事担当役員から「だいたい君は年次的にこのあたりだから」と言われ、船井総研時代に比べてかなり低い給与を提示されたのです。

当時、それなりに自分の仕事ぶりには自信もありましたし、父に請われての入社だと思っていましたので、「えっ?」と驚いたのですが、最初からあまりゴネるのも心証が良くないし、父から諫《いさ》められたこともあり、その時は、渋々受け入れました。

しかしいざ仕事を始めてからも、納得できないという気持ちがくすぶり続けました。その頃は後を継ぐ話はまだなく、一社員という意識ではありましたが、それでもタニタのために一生懸命に働き、それなりに結果も出しているのになぜだ、という思いが事あるごとに浮かんでくるのです。まさに「報われていない」感でいっぱいでした。

その後、私はアメリカ法人に異動になります。その際、現地の語学学校に通ったのですが、今度は労働組合から「なぜ会社のお金で語学学校に行くのか」という批判が起きました。

仕方がないので、私はいったん、退職することになりました。英語を学ぶのはあくまでビジネスのためだと思っていましたが、従来の会社という組織では、「全員平等」であることが優先され、ケースバイケースで柔軟に対応することが難しいのだということを、そこでも思い知らされました。

そうした経験から、貢献度に応じてきちんと報酬が支払われる点（給与や賞与がきちんと支払われる）について、人一倍こだわりを持っていたのです。社長になってからはこれに加え、個々人が裁量権を持ち、モチベーションを高められる組織をつくっていきたいと考えるようになりました。さらに現在はチーム評価について考えています。

働き方をめぐる「課題設定」

思えば、働き方や会社のあり方をめぐる状況は、私が社長に就任してからの10年余りで大きく変化しました。

プロローグでもご紹介したように、「タニタ健康プログラム」が厚生労働白書に二度取り上げられたり、安倍晋三首相が成長戦略を語るスピーチで、タニタ食堂のことが紹介されたりと、「健康経営」を掲げる国の動きとともに、タニタにも光が当たるようになり、この流れの中で普段、経営しか考えていない私も働き方への関心をより高めることになりました。

また、二人に一人が転職する時代となり、国も兼業・副業・複業を含め、雇用関係にとらわれない働き方を推進しています。

厚生労働省は「働き方の未来2035」と題した報告書（2016年）で「人は一つの企業に『就社』するという意識は希薄になる」「個人がより多様な働き方ができ、企業や経営者などとの対等な契約によって、自律的に活動できる社会に大きく変わっていくことだろう」と予測しましたが、まさにいま、その変化が起き始めています。そのことも、私たちの「日本活性化プロジェクト」の追い風になっていると感じています。

これからは、個人も企業も、これまでのような労働を時間で割って切り売りするような労働観から脱却する必要があります。仕事というのは「時間」ではなく、「アウトプット」で評価されるべきものだと、私たち自身が本気で意識を切り替えていかなくてはなりません。

長時間労働が良くないのは当然ですが、それをなくすのはあくまで課題解決のプロセス、手段の一つです。本当に解くべき課題は、国家や企業の観点からいえば、労働人口が減る中で、いかに働く人一人ひとりが能力を発揮し、生産性を上げるかでしょう。

個人の視点でいえば、いかに仕事を通じて成長し、「収入」と「働き甲斐」を得られるか。ライフステージに応じて働き方も柔軟に変えながら、充実した人生を送れるかでしょう。

そのように課題を見据えたときに、私は手前味噌ながらこの「日本活性化プロジェクト」は一つのヒントになり得るのではないかと考えています。

人材は流出するか

そんな格好いいことを言っても、「社員」の枠をはずしてしまえば、結局、優秀な人材は流出してしまうのではないか――。本書をお読みになって、そうした疑問を拭えない方もおられるでしょう。タニタ社内にも同じような声があります。それに対する私の考えも、最後にまとめておきましょう。

私は、優秀な人材は一社に囲い込もうとすればするほど、その会社が危機に陥ったときには、逃げ出してしまうリスクが高いと考えています。

個人事業主として外でも食べていける立場であれば、万が一、会社が危機に瀕するようなことがあっても、一目散に逃げ出す必要はありません。彼らには一社に依存していない強みがあるからです。逆に外部で蓄えた知恵でもって、会社を危機から救ってくれるかもしれません。

弊社に関して言えば、活性化プロジェクトメンバーとして個人事業主に移行後に、他社の仕事の割合が増え、たとえ費やす時間がタニタと他社で1：9になったとしても、それはそれでいいと思っています。

極端な話、その人が1の時間で会社が期待するパフォーマンスを上げてくれたり、他の社員には出せないアウトプットを出してくれたりするのであれば、会社としては全く問題ないのです。

人材流出を本気で心配するのなら、弊社がやるべきことは、「囲い込み」ではないと思っています。他社からも欲しがられる優秀な人材に、「やっぱりタニタで働くと楽しい。やり甲斐があるから、一緒に仕事をしたい」と思ってもらえること。そのためにチャレンジングなプロジェクトを生み出し、継続していくことの方が大事だと思っています。

会社の内と外との垣根は低くなる

「人材流出」という考え方は、そもそも会社の「内」と「外」を明確に隔てるところから出てくる発想ですが、これからはその垣根もどんどん低くなっていくでしょう。

日本企業にはかつて、辞めた社員を「裏切り者」呼ばわりしたり、出入り禁止にしたりするような風潮もありましたが、いまは会社自体が辞めた社員を「アルムナイ（卒業生）」と呼び、良好な関係を保とうとする流れも出てきています。そのほうが、一緒にコラボレーションができたり、新たなビジネスチャンスが生まれたりするからです。

これからは「社内」か「社外」か、「社員」かそうでないかという違いはかなりのスピードで曖昧になっていくはずです。

SNSで個人と個人がより自由につながる時代に、会社という組織だけが、社内と社外を隔てていくのはもう難しくなっているのではないでしょうか。

努力に報いる企業

「雇用」を盾に個人を囲い込むのではなく、働く人が主体性を発揮できるように支援し、努力に報いる企業——。いま、「日本活性化プロジェクト」を通じてタニタが目指しているのはそういう企業です。

繰り返しになりますが、この取り組みがベストだというつもりはありません。まだ解決すべき課題も多々あります。ただ、今回、タニタの実践例をあえて公開するのは本書の出版を機に、さまざまな議論が起きてほしいと考えるからです。

経営者の中で「他にもこんなやり方がある」という事例をお持ちの方はぜひご教示く

ださい。働く人の立場から「もっとこうすれば」といったご提案もあれば大歓迎です。
いま、さまざまな分野でイノベーションが求められていますが、本書によって多くの人が「働き方のイノベーション」を考えていく上でのきっかけになることを切に願っています。

2019年6月　谷田千里

解説

東京大学大学院経済学研究科教授

柳川範之

世界的大企業の経営者が終身雇用の終わりを宣言し、働き方改革が毎日のように新聞やニュースを賑わせているいま、各社「自分たちの働き方をどうするか」について頭を悩ませていることでしょう。もう、正社員がずっと同じ会社に所属し続けるという働き方・働かせ方は、実情にあわなくなっているのです。

そんな中でタニタが取り組んでいる「日本活性化プロジェクト」は、とても興味深い試みです。「フリーランスと会社員の『いいとこ取り』をする」という視点も面白いですし、「自分たちの会社はこうするんだ。こんな苦労を乗り越えてきたんだ」と、その全貌を書籍として明らかにしてくれたという点でも、とても意義のあるものだと思います。

もちろん、これがベスト、というわけではありません。例えば「個人の自由度を高める」ための施策として、フリーランスにするやり方もあれば、正社員のまま兼業・副業を認めるという方法もあるでしょう。いろいろな選択肢を検討しつつ、それぞれの会社にあったかたちを考えてほしいと思います。

企業として考えてほしいこと

新しい制度を入れるとなると、当然従業員は不安を抱きますし、拒否反応を示す者も出てくるでしょう。本書でも描かれているとおり、タニタも例外ではありませんでした。反発や戸惑いの声も大いに受けつつ、何度も議論を重ね、試行錯誤しながら制度をつくってきています。

「本当に希望した人が、ちゃんと使える制度である」と納得させ、みんなに浸透させるプロセスが非常に重要なのですが、一筋縄にはいきません。従業員が心配を乗り越えるためのコミュニケーションを、何度も何度も愚直に重ねることが欠かせないのです。

そして、きちんとコミュニケーションを取り続けることは、どんな制度をつくるにせよ、組織への求心力を維持するためにも大切なことです。社員よりもゆるい枠組みのつながりを維持し、「コミュニティ」として機能させるための仕掛けを埋め込んでいく必要があるでしょう。

こうした努力を続けることで、会社としてのスタンスがはっきりしてきます。それをきちんと外部に発信できれば、いまの若者を中心とする、自由な働き方を求める「潜在的な雇用者」に、大いにアピールできるはずです。

働くみなさんに考えてほしいこと

本書を読んで「自分もこうした働き方をしたい」と思った方もいらっしゃるでしょう。自立して活動し、自社以外の仕事ができ、幅も広がる、ということで、個人の成長につながることは間違いありませんし、こうした発想はこれからの時代、とても大切なことだと思います。

一方、将来の保障の度合いが変化することには注意が必要でしょう。といっても、これからは会社にいても、リストラされるなどのリスクが、さまざまある時代でしょう。組織に所属していようといまいと、独立して仕事をしていようといまいと、自分の将来にはどんなリスクがあり、会社はそれに対してどんな制度を用意してくれるのか、しっかり判断する目が大切になってくるのではないでしょうか。

タニタはそのあたりも考えた制度づくりをしているわけですが、これから新しい制度を導入する企業も、そのような仕組みをいろいろと考えてくると予想されます。自分にとって、望ましい制度になっているのか、個人の側からも、会社ときちんとコミュニケーションを取ることが重要になってくるでしょう。

＊　＊　＊　＊　＊

本書を読んだみなさんが、この壮大な〝実験〟を参考にしつつ、創意工夫をこらしていくこと。それこそが、本書の本当の価値なのではないでしょうか。（談）

巻末資料1／図解で見る制度の詳細とポイント

「日本活性化プロジェクト」についてより理解を深めていただくため、制度の概要・ポイントを図解で示しました（タニタ社内説明資料より）。

また、どのような経済的な効果がどれほどあったのか、1期メンバーの例を挙げて見ていきます。

なお、本書で紹介した内容はタニタの現状に合わせて設計したものです。

これを参考に実際に取り組む際には、それぞれの置かれた環境を踏まえながら、事前に弁護士、社会保険労務士、税理士などのアドバイスを受けて制度設計することをお勧めします。

❶「日本活性化プロジェクト」とは？

◇社長就任時（2008年）からの懸案事項。

▶業績が良くないときの対策：業績悪化で良い人材から抜けてゆく？
▶やる気の出る仕掛け：
やる気の低下がメンタル不調につながることも？

◇2015年末から具体的検討⇒2017年1月から本格スタート。

▶会社に過度の負担をかけることなく、
社員の**“やる気”を引き出し**たい。
▶会社との雇用関係は終了（退職）し、
業務委託契約ベース（個人事業主）で仕事を依頼します。
▶個人の主体性が高まり、ライフスタイルに応じて
働き続けることができる仕組みにもつながっていきます。

❷「日本活性化プロジェクト」の現状

◇第1期：2017年～ 8名の希望者でスタート
◇第2期：2018年～ 11名加入※うち4名は、社外からの加入
◇第3期：2019年～ 8名加入

❸ 業務委託契約（移行初年度の契約内容）

社員が活性化プロジェクトメンバーになる場合、会社と業務委託契約を締結します。

その際、メンバーになる直前まで社員として取り組んでいた基本的な仕事を「基本業務」、その枠に収まらない仕事を「追加業務」として委託業務を決めます。

報酬は「基本業務」に対する「基本報酬」（固定）と、「追加業務」に対する「成果報酬」（変動）に分かれています。「基本報酬」は社員時代の給与・賞与などをベースに決定し、基本業務以外の成果に対する報酬は別途「成果報酬」を支払います。この「成果報酬」は、社員時代には一つひとつの成果が給与に反映されにくかった本人のがんばりが直接報酬に反映されるため、本人のモチベーションアップにつながります。

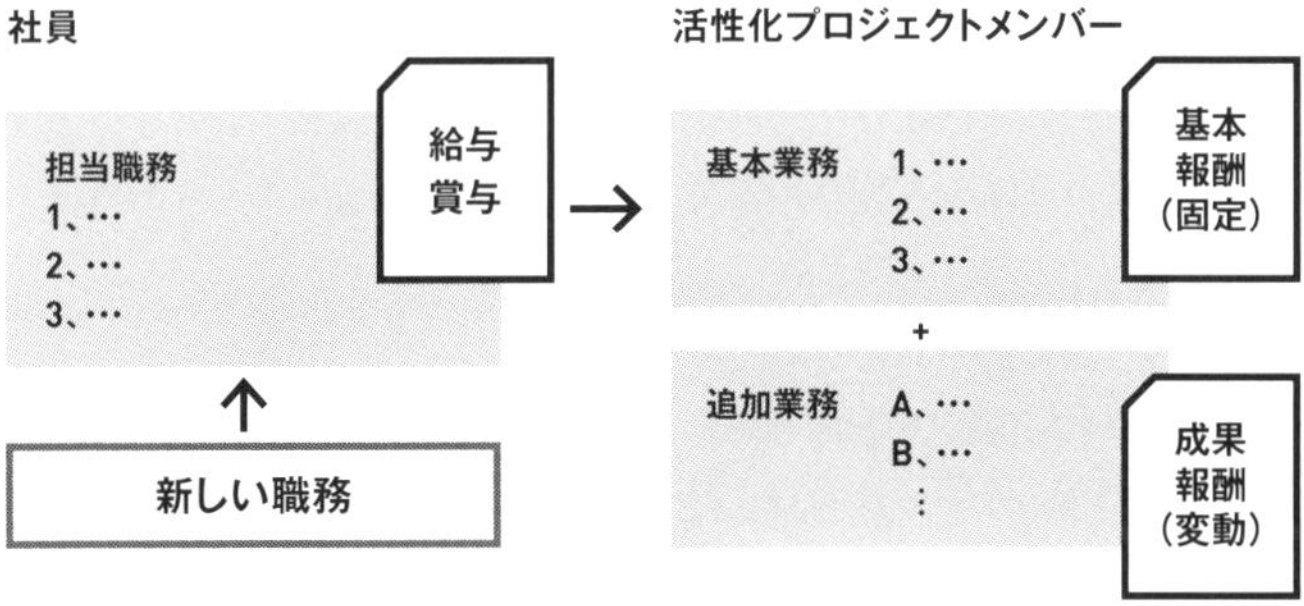

❹ 業務委託契約（契約期間）

◇**複数年契約（例、3年契約）/1年更新で、安定性を確保します。**

▶直近1年間の業務成果に基づき、
次の契約期間と業務内容・報酬額を、協議・調整します。

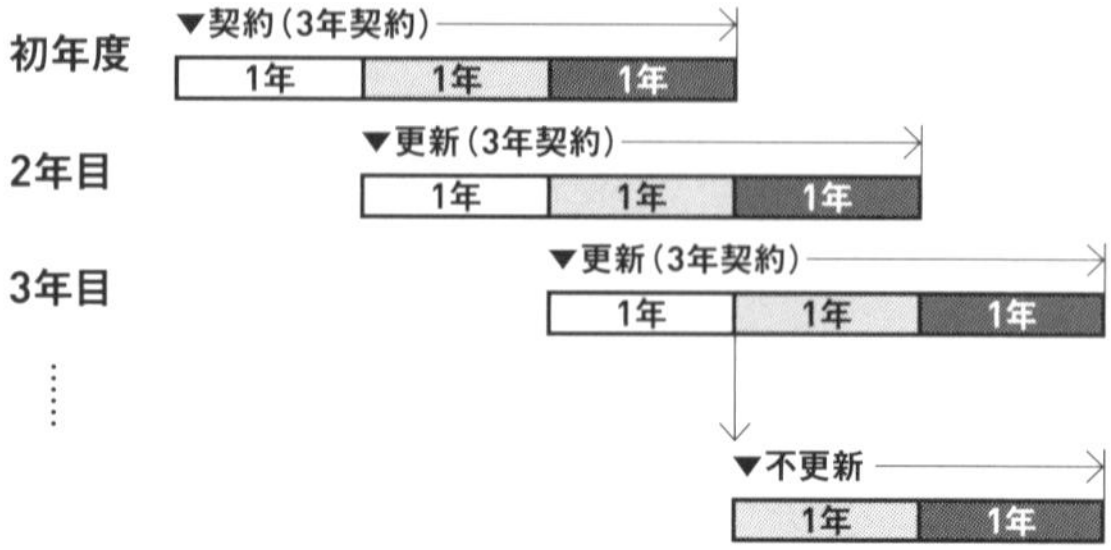

▶もしも更新しないこととなっても、残り2年は契約が存続します。
▶個人にとっては、急激な収入減を回避できます。
▶会社にとっては、業務を放り出されてしまうリスクを回避できます。

❺ 仕事の流れ

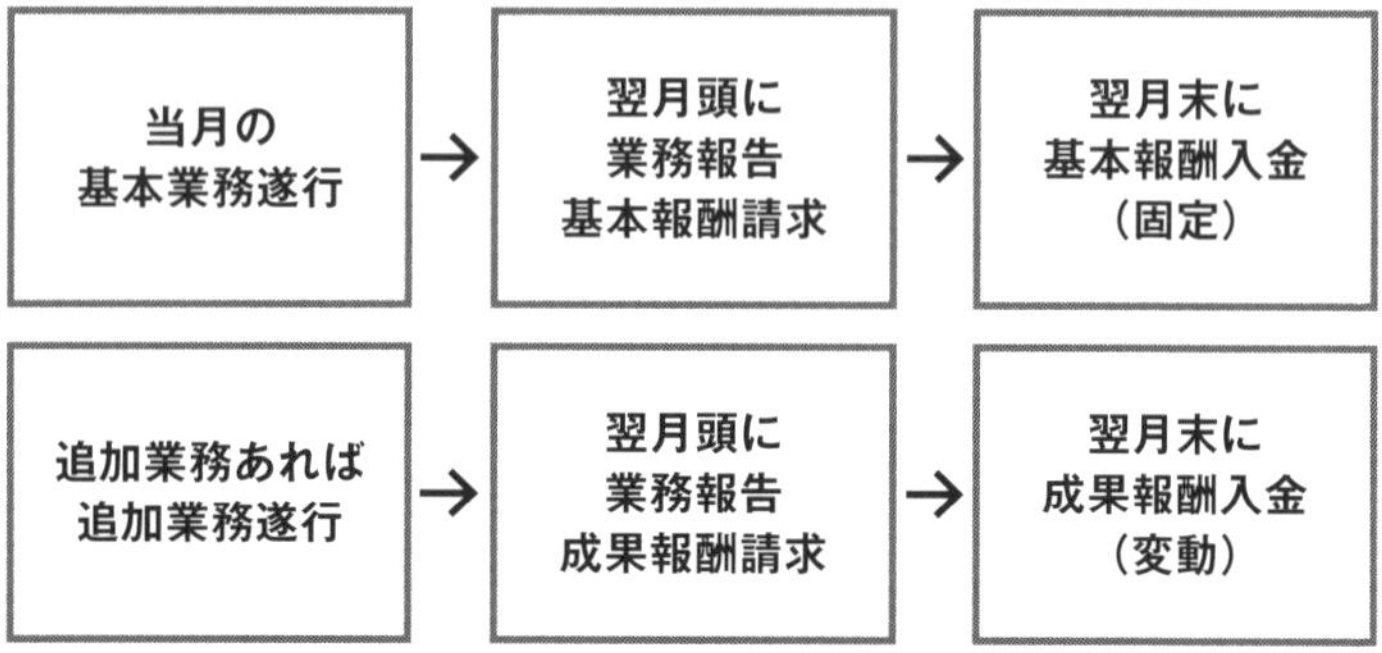

❻ 所得の構造：給与所得から事業所得へ

活性化プロジェクトメンバーの報酬は、メンバーになる前年の残業代込みの給与・賞与、会社が負担していた社会保険料などを含めて「人件費」として計算していた総額をベースに「基本報酬」を設定。これに「成果報酬」が加わる2階建て構造となります。

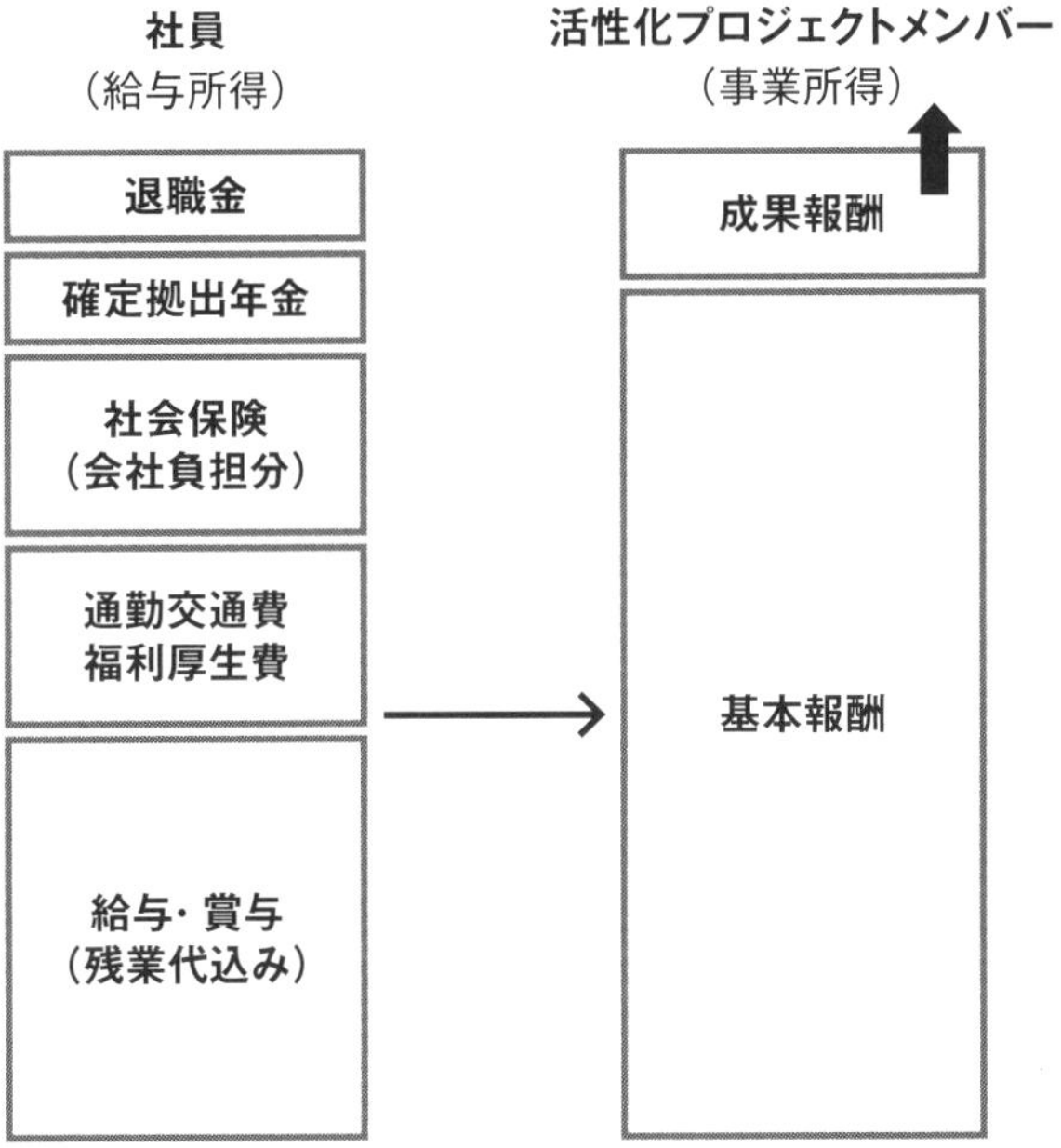

❼ 年金や社会保障について

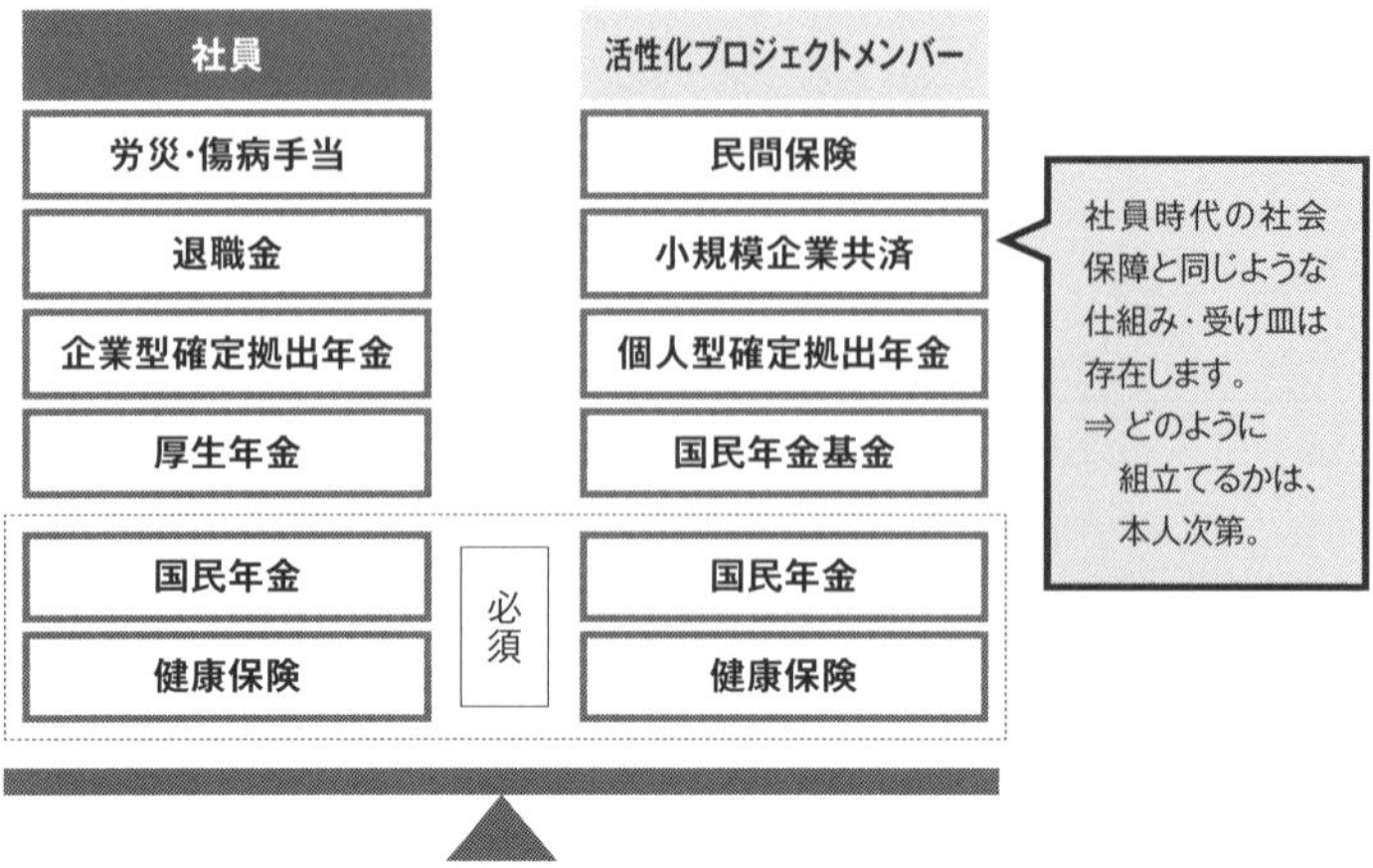

❽ 1期メンバーの経済効果検証（個人）

年	氏名	所得構造（会社の支払い）		当人の手元現金	手元現金の増減率	
		※各人とも、社員時代の給与・賞与額を100とした場合の構成比				
2017	A	業務委託料（報酬）	123.9	89.4	増	19.0%
2016		給料・賞与・通勤費	100.0	75.1		
2017	B	業務委託料（報酬）	109.0	86.5	増	16.3%
2016		給料・賞与・通勤費	100.0	74.4		
2017	C	業務委託料（報酬）	117.5	101.2	増	30.2%
2016		給料・賞与・通勤費	100.0	77.7		
2017	D	業務委託料（報酬）	156.6	131.9	増	68.5%
2016		給料・賞与・通勤費	100.0	78.3		
2017	E	業務委託料（報酬）	121.2	96.1	増	24.8%
2016		給料・賞与・通勤費	100.0	77.0		
2017	F	業務委託料（報酬）	117.0	91.5	増	17.9%
2016		給料・賞与・通勤費	100.0	77.6		
2017	G	業務委託料（報酬）	139.1	111.1	増	40.5%
2016		給料・賞与・通勤費	100.0	79.1		
2017	計	業務委託料（報酬）	121.1	98.5	増	28.6%
2016		給料・賞与・通勤費	100.0	76.6		

1期メンバーの手元現金は、合計で28.6%（最小16.3%～最大68.5%）増加した。

表の読み方：Aさんの場合

2016年の社員時代に受け取った給与・賞与・通勤費の合計を100とすると、2017年に活性化プロジェクトメンバーとして受け取った業務委託料は123.9。社会保険料・税金の天引き後の手元現金は社員時代は75.1。活性化プロジェクトメンバーになってからは89.4。したがって手元現金は19.0%の増加となった。

❾ 1期メンバーの経済効果検証（会社）

**前述の「1期メンバーの経済効果検証（個人）」の
手元現金の増加率は28.6％でしたが、1期メンバーに対する
会社の負担総額は、1.4％の増加にとどまりました。**

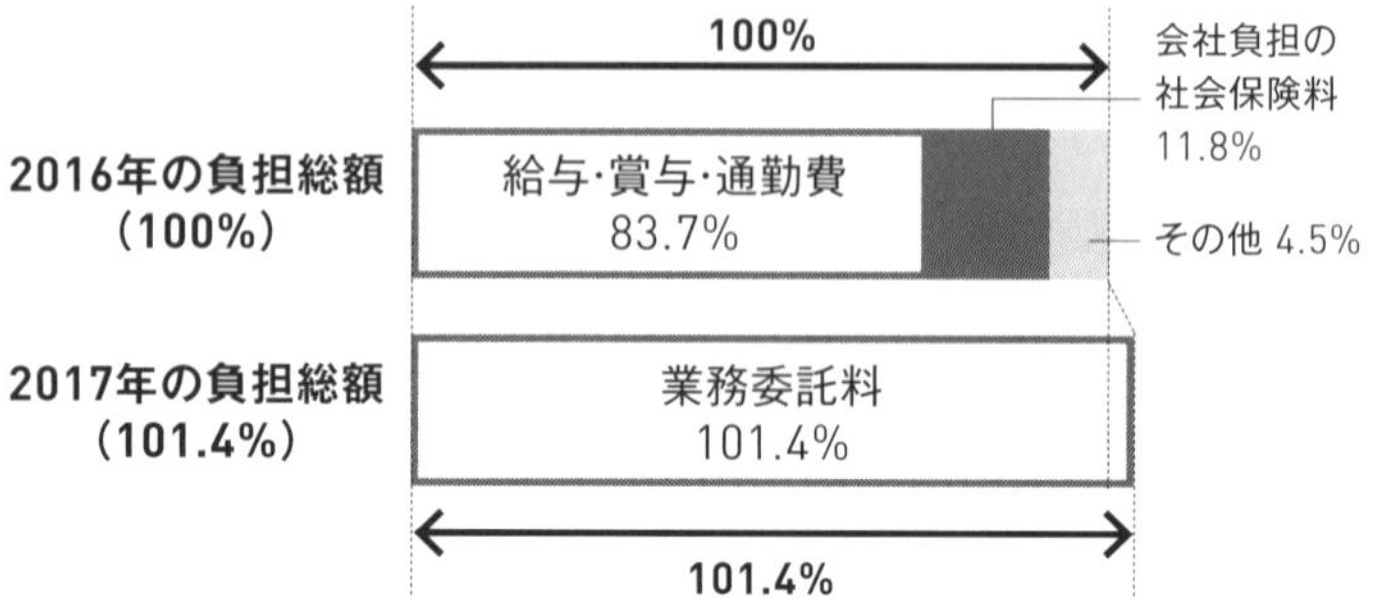

❿ タニタ共栄会とは

**◇タニタ共栄会は、活性化プロジェクトメンバー全員で構成する
相互扶助の団体です。**

◇共栄会の会員は、次のようなメリットを享受することができます。
（1）会社の施設・備品等を、社員と同様に利用できます。
（2）会社の各種イベントに、社員と同様に参加できます。
（3）確定申告について、税理士法人のサポートを受けられます。

◇共栄会は、次の資金で運営されています。
（1）会員拠出の会費（原則、報酬額の1％）
（2）有志者からの寄付金
（3）本会の収益金

※このほか、活性化プロジェクトメンバーの「ローン」問題をはじめとした、個人事業主の社会的信用度を担保する取り組みにも挑戦しようと考えています。
例えば、共栄会がリース契約の主体になってメンバーにサブリースしたり、共栄会がメンバーの住宅ローンの保証をしたり、貸し付けたりすることができないかなど、さまざまな方法を検討しています。

⑪ さらなる可能性

◇タニタ以外との契約（兼業・副業）も、もちろん認めます。
⇒120％の努力で、120％の収入を目指すことも可能。

ただし、成果は減らさない！
⇒まずはタニタの業務を、十分に行うことが大前提。

※この制度は、会社全体の労働力を減らすものではありません。

◇人生100年時代、長きにわたって活躍を！
⇒タニタの雇用は60歳（再雇用65歳）が定年ですが、
個人事業主に定年はありません。
⇒もっと働きたい！を実現します。

ただし、活躍にはスキルが必要！
⇒成果を出せるスキルがあれば、いつまでも活躍できます。
⇒常に第一線でいる努力が必要です。

⑫ Q&A

Q. タニタからの支給品やタニタ社屋をこれまで通り利用できますか?

A. 社員時の貸与品はいったん返却のうえ、
次のものは再度貸与します。
☑ IDカード　☑ パソコン　☑ 携帯電話
☑ その他（業務遂行に必要なもの）
社屋や設備の利用も、業務遂行に必要な範囲で
従前どおり利用できます。

Q. 勤怠管理はどうなりますか?

A. 所定労働時間という概念ではなくなるため、
勤怠管理（タイムカード）は不要となります。

Q. 契約金（報酬）はどのように決定されますか?

A. 社員時代最後の1年の当人への支払い額
（給与・賞与、社会保険費用など）から算出します。

Q. 人事評価はどのように行われますか?

A. 人事評価という概念はなくなり、仕事の成果が報酬額に
反映されます。
社員向けの表彰・報奨についても、対象外となります。
（永年勤続、公的資格報奨など）

Q. 休暇はきちんととれますか?

A. 時間による契約ではないため、休暇という概念もなくなります。
自分で時間をコントロールしながら成果を上げていくことと
なります。

巻末資料２／外部コンサルティング会社による評価
――「日本活性化プロジェクト」がもたらしたもの

第2部では、「日本活性化プロジェクト」に参加したメンバーの意識がどう変わったか、また、そのメンバーの所属する部署の上司や役員がどのように見ているのか、各自の主観評価を紹介しました。
ここでは、活性化プロジェクトがもたらした影響について、外部の人事コンサルティング会社による調査・分析結果を紹介します。
メンバーの意識の変化や組織への影響を定量化して分析することで、活性化プロジェクトの効果を探りました。

◆調査概要

調査は活性化プロジェクトに取り組む以前の2016年夏から2017年初頭にかけて実施したデータと、活性化プロジェクトを開始して2年が経過した2019年3月時点のデータとを比較して、①活性化プロジェクトメンバーの意識がどう変化したか②社員を含む組織全体にどのような影響があったか――を調べました。

調査手法は、エン・ジャパン株式会社の適性検査「3Eテスト」*1を使ったビジネスシーンに必要な個人の要素を測定する調査データと、株式会社ディジットが開発し、株式会社think shiftが提供する組織行動診断「BBA」*2を使った、組織と社員のマッチングや社員のモチベーションなどの相関データをもとに分析。

評価・分析は、株式会社think shift（東京都新宿区新宿4-3-17、代表取締役・浅野泰生、URL https://www.think-shift.jp/）のコンサルタント・松田大助氏と、株式会社ディジット（東京都港区西新橋2-8-4、代表取締役CEO・井筒雅博、URL https://www.digit.co.jp/）の取締役COO兼チーフエヴァンジェリスト・三浦才幸氏が担当しました。

*1 「3Eテスト」は、エン・ジャパン株式会社が1987年に開発した適性検査サービス。採用や人事・教育の場面での人物評価のほか、受検者自身が自らのキャリアを考える際に活用されています。適性検査として約30年の歴史を持ち、直近5年間で約7千社の企業で利用されています。

*2 「BBA」は、業績、モチベーション、リスク管理の視点から、事業（Business）の行動（Behavior）を診断（Assessment）し、組織の問題や特性を見える化するツール。これまで20万人以上600社を超える診断とコンサルティングの実績があります。「BBA」は、組織としての特徴を、その行動特性とリスク認知、社員満足度の三つの視点の組み合わせによって、立体的かつ客観的に分析するサービスです。個人特性とは異なる組織特性について分析する重要なツールとして位置づけられています。

◆分析結果① 「3Eテスト」を使った分析

今回の分析では、直近約2年間の社員全体と活性化プロジェクトメンバーのそれぞれの平均値の変化で、顕著な違いが見られた項目について着目・分析しました。

【基礎データ】

調査対象人数　2016年夏～2017年初頭…172人
（うち、2017年時点の活性化プロジェクトメンバーは8人）
2019年3月…233人（うち、活性化プロジェクトメンバーは26人）

分析にあたっては、調査時の対象人数のデータ同士を比較。なお、活性化プロジェクトメンバーは、両調査時ともメンバーであった人を抽出して比較しました。

●分析を担当した株式会社think shift・松田氏によるレポート

「3Eテスト」は、個人の性格・価値観などの適性検査の結果を経年比較することにより、個人や組織に起きた変化を見ることができます。今回の調査では2年前と比べ、社員全体について顕著な意識変化は見られなかったものの、活性化プロジェクトメンバーについてはいくつかの点で大きな変化が見られました。

個人の性格や価値観を見る7つの指標のうち、特徴的な変化が現れたのが、『ストレス耐性』と『キャリアタイプ指向性』です。

「3Eテスト」の測定項目（サンプル）

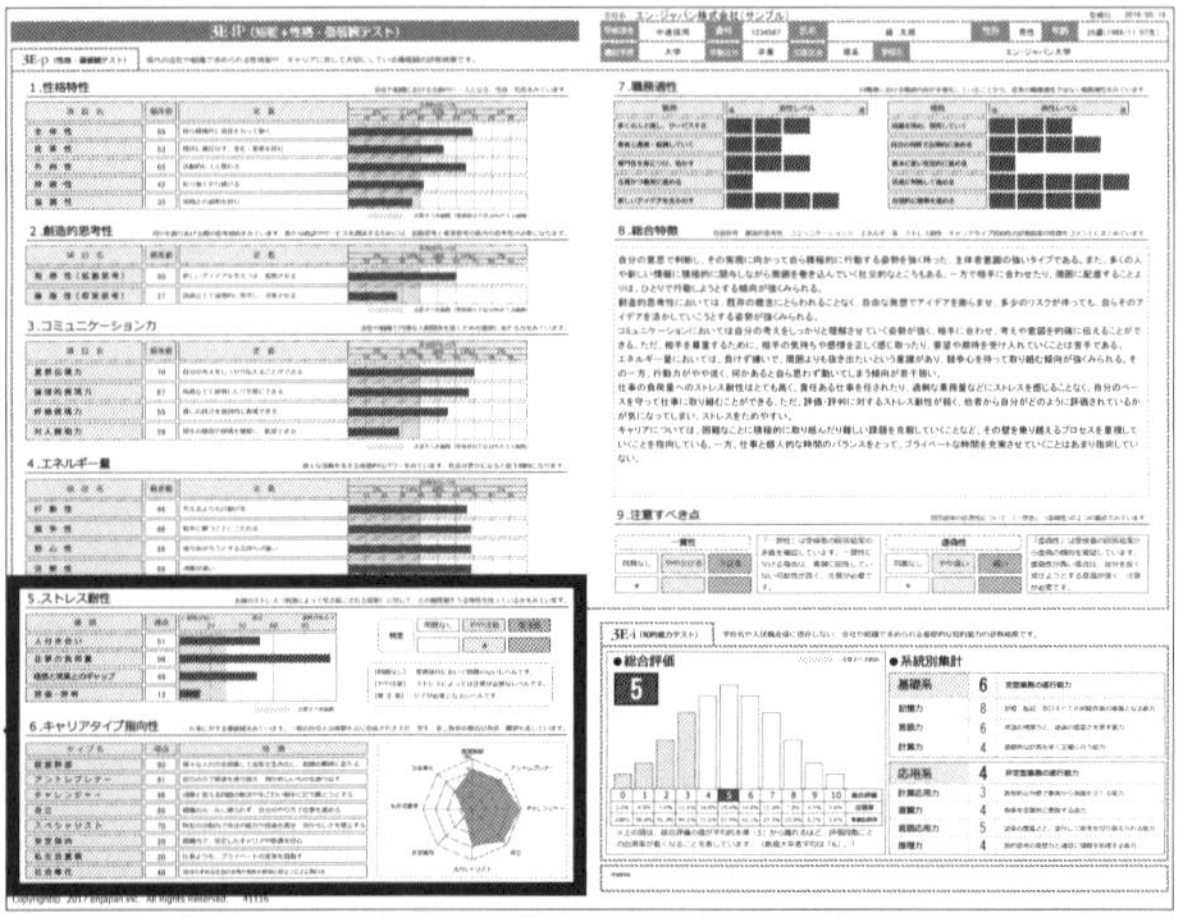

『ストレス耐性』

項目名	特徴
人付き合い	人と長時間付き合うことや、周囲の人の考えや気持ちなどが気になってしまい、ストレスをためやすい
仕事の負荷量	責任ある仕事を任されたり、過剰な業務を与えられることによって、ストレスをためやすい
理想と現実とのギャップ	自分の描いていたものと現実との差を感じることで、ストレスをためやすい
評価・評判	他者から自分がどのように評価されているかが気になってしまい、ストレスをためやすい

『ストレス耐性』は、仕事に関わる各種のストレス（刺激によって引き起こされる緊張）に対して、どの程度耐えられるかを4項目（「人付き合い」「仕事の負荷量」「理想と現実とのギャップ」「評価・評判」）それぞれについて0～100点までのスコアで確認できます。このスコアが高いほど、ストレスに耐える力が高いことを示しています。

『キャリアタイプ指向性』

項目名	特徴
経営幹部	さまざまな人の力を結集して成果を生み出し、組織の期待に応える
アントレプレナー	自らの力で障害を乗り越え、何か新しいものを創り出す
チャレンジャー	困難と思える問題の解決や手ごわい相手に打ち勝とうとする
自立	組織のルールに縛られず、自分のやり方で仕事を進める
スペシャリスト	特定の分野内で自分の能力や技術を磨き、自分らしさを確立する
安定志向	組織内で、安定したキャリアや処遇を好む
私生活重視	仕事よりも、プライベートの充実を目指す
社会奉仕	自分の求める社会の実現や他社の救済に役立つことに関わる

『キャリアタイプ指向性』は、仕事に対して、どのような価値観を持っているかを確認できる指標。8項目（「経営幹部」「アントレプレナー」「チャレンジャー」「自立」「スペシャリスト」「安定志向」「私生活重視」「社会奉仕」）に分類された要素ごとに、仕事に対する指向性のレベルの度合いを0～100点までのスコアで確認できます。このスコアが高いほど、該当項目のキャリアタイプを指向する意識が高いことを示しています。

I. 活性化プロジェクトメンバーにおける『ストレス耐性』の変化

全4項目の中から、顕著な変化（3ポイント以上の増減）が見られた3項目について、それぞれの変化の意味について解説します。

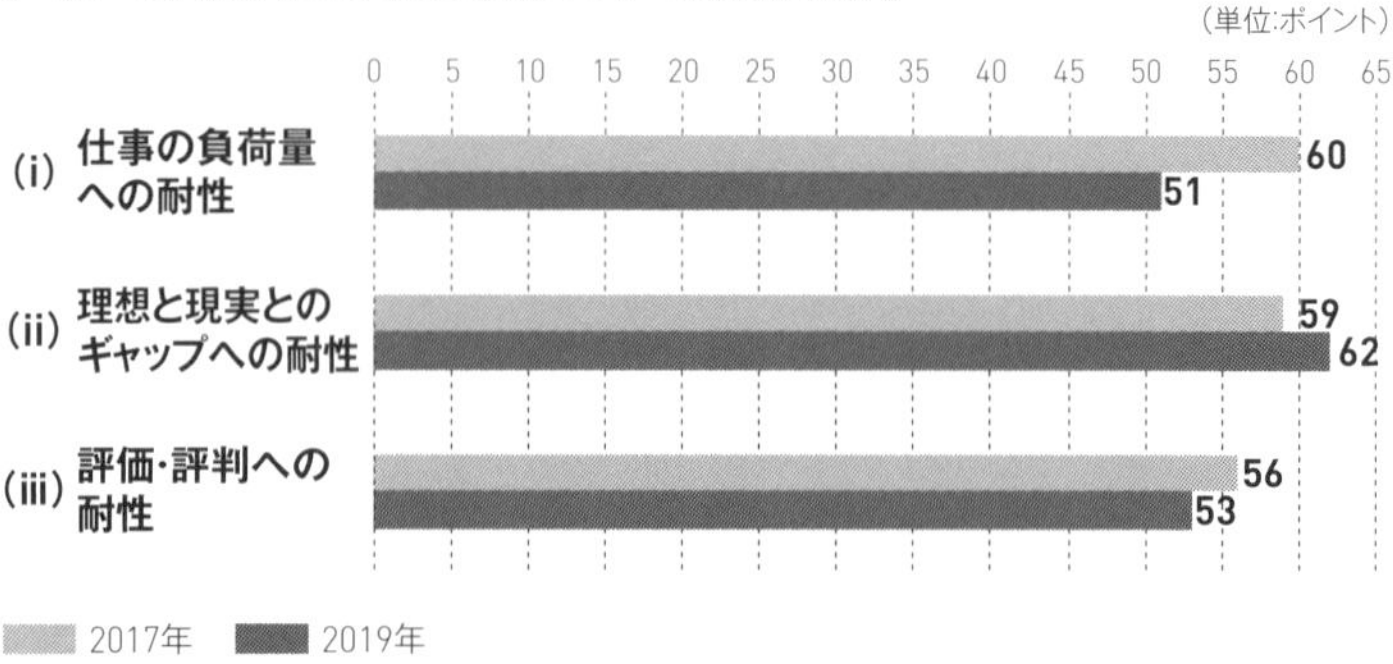

(i)「仕事の負荷量への耐性」のスコアが9ポイント減少

（事実）

「仕事の負荷量への耐性」は仕事量に対する物理的・精神的な耐性を表すものです。一般に、残業時間や高い要望度など、物理的・精神的に高いストレス環境の下でも仕事をし続けられるタイプの人は高くなる傾向があります。スコアが30点以下だと、注意が必要なレベルとなります。このスコアが60点から51点へと、9ポイント下がっています。

（解説）

残業時間、高い要望度のある仕事において耐えられるキャパシティーが下がっていると捉えることができます。スコアが下がっていることから、負荷と感じる仕事量・長時間の労働や、ストレスのかかる要望を受けるキャパシティーが下がっており、また、受けたくないと自分では感じていることを示しています。この指標の変化が示すのは「仕事における重圧を感じたくない」ということです。一方で、活性化プロジェクトメンバーのインタビューからは、業務量が増えていたり、任されたりすることが多くなっているように見受けられます。

適性検査のスコアを、メンバーのインタビューと総合して考えると、これは、仕事とプライベートとの区別をせずに仕事をしている結果の変化と捉えることができます。ノルマに追われるといった「やらされ感」ではなく、自ら目標を設定して仕事に取り組むことで、たとえ仕事の量が多くても精神的な負荷がかか

らずこなすことができるようになっていると分析しました。
ただし、今後も「仕事の負荷量への耐性」が下がり続けるようであれば、要注意です。まだ51点と高い水準にあるから問題ありませんが、30点よりも低いスコアに落ちていくと、気がつかないうちにストレスを抱えてしまっていくことになります。自分でコントロールをしていかなければいけない指標です。

(ii)「理想と現実とのギャップへの耐性」のスコアが3ポイント上昇

(事実)

理想に対してそれを実現できていない現状を気にせず仕事を続けることができるという耐性を表しています。経営者など、理想を掲げて新しいチャレンジを行っていてもストレスを感じないようなタイプの人は高くなる傾向があります。

(解説)

目標が高く、目標を達成していなくとも、それに耐える力が高くなっています。人は目的をもって、目標を設定することについては耐えられますが、目的がなく、目標だけが押し付けられるとストレスを感じやすいです。また、人から設定された目標にはストレスを感じやすいのですが、自ら設定した目標については前向きに捉えることができるという側面があります。
このスコアが高くなったことは、自ら目標設定をして仕事に取り組むことができる活性化プロジェクトメンバーのスタイルがスコアに現れたと思われます。インタビューの中でも、新しい取り組みの中で、先々のことまで考えて、自分の仕事に取り組む姿勢が見られており、これが『ストレス耐性』にも反映されたのではないかと考えられます。

(iii)「評価・評判への耐性」のスコアが3ポイント減少

(事実)

周囲からの自分への評価や、評判に対して耐える力を表しています。この指標が低くなり過ぎると、周りからどう見られているかを過度に気にし過ぎてしまい、ストレスを感じてしまう傾向にあります。逆に高過ぎると、周りのことを全く気にしないという鈍感さをはらんでいます。

(解説)

以前よりも周囲からの評価や評判に少し敏感になっているということを表していると捉えられます。自分の置かれている立場や、役割が変化することに

よって、どのように見られているかを意識するようになったといえるのではないでしょうか。

新しい取り組みであり、自分たち自身もどのように行えばいいかわからない中の手探り状態であるため、周囲との関係性をどのようにしていくのかを慎重に見極めようとしている様子がうかがえます。

今回の調査でポイントが低下しているとはいえ、53点と高い水準であるため、少し敏感になっていると捉える程度で問題ないと思います。こちらのスコアがもっと急激に落ち込むようなことがあれば、周囲からの評価・評判に対して過度に敏感になっていると捉えることもできるので注意が必要です。

●**総評**

活性化プロジェクトを通して、『ストレス耐性』の変化は次のように捉えることができます。高い目標に向けて取り組むことをストレスと感じなくなってきている反面、周囲からどのように見られるかということに敏感になっている傾向が見られます。また、仕事とプライベートの境がなくなっていることが、仕事についてのストレスをもたらしており、注意が必要かもしれません。

最後に、社員全体についてコメントすると、経年比較で顕著な意識変化は見られませんでした。これは、活性化プロジェクトのスタート前に心配していた指示・命令が混乱したり、組織がバラバラになったりするといったリスクが杞憂であった証であると捉えることができます。

Ⅱ．活性化プロジェクトメンバーにおける『キャリアタイプ指向性』の変化

全4項目の中から、顕著な変化（3ポイント以上の増減）が見られた3項目について、それぞれの変化の意味について解説します。

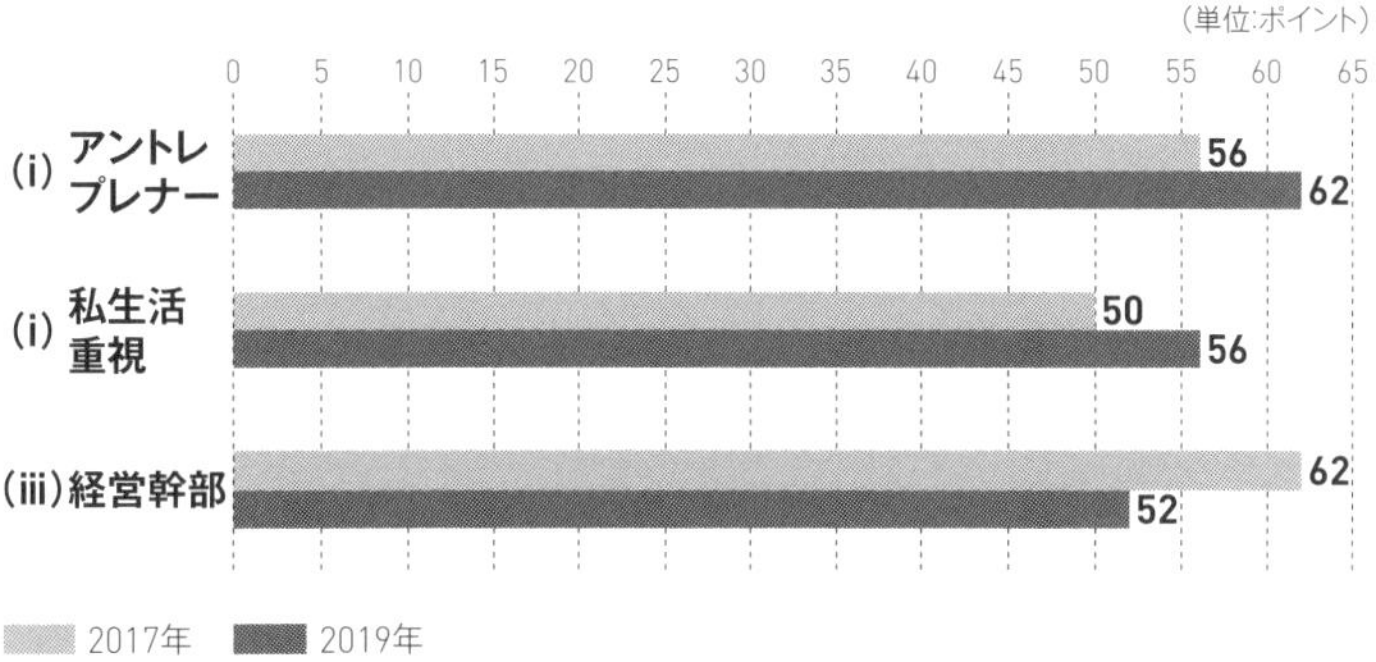

(i)「アントレプレナー」のスコアが6ポイント上昇

（事実）

「アントレプレナー」のキャリアタイプ指向は、自らの力で障害を乗り越え、何か新しいものを創り出すという仕事の価値観を示すものです。典型的な例は既存の枠にとらわれず、独立起業などを指向する要素であり、活性化プロジェクトメンバー全体の平均値が、6ポイント上昇しています。

（解説）

環境の変化の中で自然と高まったものなのか、自分の仕事観を「新しいものを創り出す」ということにシフトしないと仕事がやっていけないという意識から生じた結果なのかは、一概には言えませんが、いずれにせよ指向の変化は顕著です。

活性化プロジェクトの趣旨からいっても、この要素が大きく高まるということは違和感なく、ある意味当然と言えるかもしれません。活性化プロジェクトメンバーのインタビューからも、自分の職域で制限をかけることなく、前例がないから断るということではなく、社内外の新しい依頼ごとに応じたり、自ら外部とのコラボレーションに取り組んだりという行動を楽しんでいることがうかがえ、この変化を裏付けている一例かと思われます。

(ii)「私生活重視」のスコアが6ポイント上昇

（事実）

「私生活重視」のキャリアタイプ指向は、その名の通り仕事よりも、プライベートの充実を目指す仕事観を示すものであり、活性化プロジェクトメンバー全体の平均値が、6ポイント上昇しています。

（解説）

「アントレプレナー」のスコアが上昇するのはある意味当然ですが、同時に「私生活重視」のスコアが上昇するのは一般にはあまり見られず、このプロジェクトを象徴する現象だと言えます。

「私生活重視」のスコアが上昇したのは、仕事の割り振りが自己裁量に任されることになったため、自身の生活リズムのコントロールがよりしやすくなったと感じているためだと考えられます。また、自宅での仕事も可能になったので、育児・家事と仕事とのバランスを取りやすくなったこと、さらに、仕事に関わる経費と生活費を意識して分けるようになったことから、より「家庭」に意識を振り向ける機会が増えたことなどが要因として考えられます。

(iii)「経営幹部」のスコアが10ポイント減少

（事実）

「経営幹部」のキャリアタイプ指向は、さまざまな人の力を結集して成果を生み出し、組織の期待に応えようとする価値観を示すものです。顕著な例としては、大きな組織のマネジメントを任されたいなどの指向が反映されやすいスコアです。このスコアが、10ポイント下がっていることは顕著な変化として見て取れます。

（解説）

「経営幹部」のスコアが下がったのは意外な感じもしますが、おそらく、自身は「会社組織の一部である」という意識が下がり、逆に自立した起業家であるという前述した「アントレプレナー」意識が高まったことに要因があったと見られます。

●総評

総合して考えると、大規模組織のマネジメントというだけでのキャリアイメージではなく、プロジェクト単位での自身の貢献を考える指向が高まっており、活性化プロジェクトメンバーになることで仕事と私生活の境界が緩やかになり、『ワークライフバランス』ならぬ『ワークライフインテグレート』を実現できるようになったことが客観的な指標でも裏付けられたと言えます。

◆分析結果② 「組織行動診断（BBA）」を使った分析

今回の調査対象は「3Eテスト」と同じで、この2年間のタニタ全体での変化と、活性化プロジェクトメンバーの変化で、顕著な違いが見られる項目について着目し、組織診断項目の差異、組織診断と「3Eテスト」との組み合わせ（組織面の変化と個人面の変化の両面）を中心に分析を試みました。

「組織行動診断（BBA）」の基本3機能

	分類	定義	項目名	定義
基本3機能	モニタリング	業務の整理・客観化、情報の共有化を通じて「組織の死角・暗がり」を排除する	情報の共有	情報共有が進み、相互の業務について知っている
			整理整頓	仕事や職場の整理が行われ、不審なもの、基準から逸脱したものがすぐわかる
			内部牽制	業務内容について相互チェックによる統制が機能している
			進捗確認	業務の進捗状況が可視化され、確認が容易にできる
			遵法精神	遵法意識に基づく自浄作用が機能している
	コミュニケーション	コミュニケーションが十分に行われ、共感に支えられた組織統合が行われている	開放的風土	タテマエとホンネを使い分けたりせず、どんなことでも自由に話し合える
			上司の情報活性	顧客のクレームなど悪い情報が、上司など組織の上層部にすぐに伝わる
			集団の統合性	孤立したメンバーや派閥などの下位グループがない
			相互信頼	お互いを尊重し、どんなことでも安心して話せる信頼感がある
			コミュニケーションの場	相談する機会や場が十分に確保されている
	ナレッジ	日々の業務や顧客との対応を通じて、変化についての学習や知恵の共有を行う	ビジョン共有	会社や職場のビジョンやありたい姿が理解され、共有化されている
			知恵の共有	相互の業務経験から学び、実践的な知恵の共有がされている
			失敗からの学習	失敗や目標未達成の経験から、教訓を学び、生かしている
			顧客からの学習	顧客からの要望を受け止めたり、クレームを改善につなげている
			過去の学習の棄却	過去の成功経験にこだわらず、柔軟に対応できる

【基礎データ】

調査対象人数　2016年夏～2017年初頭…172人
　　　　　　　（うち、2017年時点の活性化プロジェクトメンバーは8人）
　　　　　　　2019年3月…233人（うち、活性化プロジェクトメンバーは26人）

分析にあたっては、調査時の対象人数のデータ同士を比較。なお、活性化プロジェクトメンバーは、両調査時ともメンバーであった人を抽出して比較しました。

●分析を担当した株式会社ディジット・三浦氏によるレポート

個々人が会社という組織の中で仕事をするとき、その成果は最終的に「組織行動」として実績が示され、管理・評価されることになります。個々人の積み上げイコール組織としての行動にはなりません（全員がエースで4番を集めた野球チームが、必ずしも勝ち続けるとは限りません）。

この調査では、個々人がどのように組織成果につながっているのか、組織は個々人の行動にどのような影響を与えているのかを調査・確認することができます。

活性化プロジェクトメンバーは、「相互信頼」と「失敗からの学習」の偏差値が上昇（事実）

「BBA」の基本3機能（「モニタリング機能」「コミュニケーション機能」「ナレッジ機能」各5項目計15項目）における、この2年間の活性化プロジェクトメンバーの偏差値の変化を、表1に示します。同様に社員（活性化プロジェクトメンバー以外）の偏差値の変化を、表2に示します。

表1：活性化プロジェクトメンバーの2年間の偏差値の比較

（単位:ポイント）

項目名	モニタリング	差分	コミュニケーション	差分	ナレッジ	差分
	1. 情報の共有	-5	1. 開放的風土	2	1. ビジョン共有	-2
	2. 整理整頓	-7	2. 上司の情報活性	0	2. 知恵の共有	0
	3. 内部牽制	-2	3. 集団の統合性	2	3. 失敗からの学習	5
	4. 進捗確認	-2	4. 相互信頼	10	4. 顧客からの学習	-3
	5. 遵法精神	5	5. コミュニケーションの場	-3	5. 過去の学習の棄却	0

表2：社員（活性化プロジェクトメンバー以外）の偏差値の2年間の比較

（単位：ポイント）

項目名	モニタリング	差分	コミュニケーション	差分	ナレッジ	差分
	1. 情報の共有	0	1. 開放的風土	3	1. ビジョン共有	7
	2. 整理整頓	5	2. 上司の情報活性	0	2. 知恵の共有	3
	3. 内部牽制	2	3. 集団の統合性	2	3. 失敗からの学習	5
	4. 進捗確認	3	4. 相互信頼	3	4. 顧客からの学習	5
	5. 遵法精神	2	5. コミュニケーションの場	3	5. 過去の学習の棄却	5

（解説）

5ポイント以上の変動を「大きな差」として捉えると、「情報の共有」（マイナス）、「整理整頓」（マイナス）、「遵法精神」（プラス）、「相互信頼」（プラス）、「失敗からの学習」（プラス）に顕著な差が見られます。特に、「相互信頼」は、偏差値にして10ポイントの上昇という大きな変化を示しました。

一方、活性化プロジェクト以外の社員の2年間の変化では、先ほどと同様、5ポイント以上の変動を「大きな差」として捉えると、表2の通り、「整理整頓」（プラス）、「ビジョン共有」（プラス）、「失敗からの学習」（プラス）、「顧客からの学習」（プラス）、「過去の学習の棄却」（プラス）が大きく上昇しており、偏差値が下がった項目はありませんでした。

また、社員（活性化プロジェクトメンバー以外）については、この2年間で60人、約35％も社員数が増加したにもかかわらず、表2にあるようにほぼ全項目で偏差値が上昇しており、これはとても珍しい事例と言えます。社員が増加する時は総じて、組織の求心力が失われたり、ややもすると迷走したりすることが多いのです。ここには後述する「BBA」を活用したタニタの組織戦略が隠されていると言えます。

●総評

活性化プロジェクトメンバーでは、「モニタリング機能」で5項目中4項目が下がり、「コミュニケーション機能」で5項目中3項目が上がり、1項目が変わらず、1項目が下がっています。「ナレッジ機能」で1項目のみの上昇となっています。

このことから活性化プロジェクトメンバーは、組織管理に必要な「モニタリング機能」、組織の仕事として求められる「ナレッジ機能」の発揮よりも、「コミュ

ニケーション機能」の充実が最も重要と考えて行動していると想定されます。
　また、一人ひとりが仕事を進めるにあたって、関与する信頼関係をまず構築し、その上で次の段階に進もうとしていると考えられます。つまり、「組織として動くときに必要になる〈情報の共有〉や〈整理整頓〉、〈内部牽制〉、〈進捗確認〉よりも、共に仕事をする相手との信頼を構築するとともに、駆け出しで失敗はあるもののそこから学んでいこう」という行動が2019年には見られました。
　なお、活性化プロジェクトメンバーの「モニタリング機能」のスコアがほとんど低下しています。これは、組織運営・管理上なくてはならない機能なので、メンバーは、「組織を管理する」という行動を抑制して、信頼関係の構築や失敗からの学びを得ようとしている、もしくはマネジメントへの参画については、組織として最小限に留められたとも考えられます。

◆分析結果③「3Eテスト」との関係性　~個人の特性変化と組織が受ける変化~

「BBA」と「3Eテスト」のそれぞれのデータを組み合わせることにより、特に影響関係にある項目をピックアップし、「組織面の変化」と「個人面の変化」の両面を見ていきます。

（解説）

　図1は、活性化プロジェクトメンバー内において、特に影響関係にあった項目をピックアップした図です。

図1：活性化プロジェクトメンバーの「3Eテスト」と「BBA」のパス図

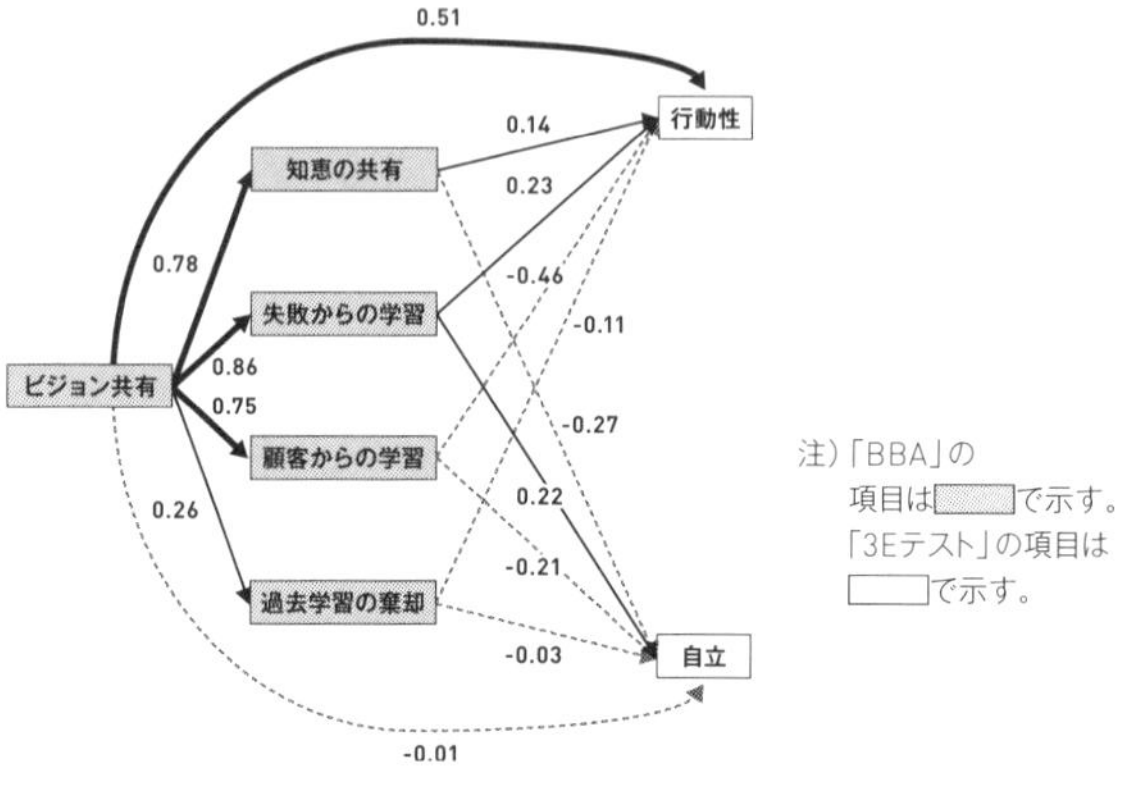

図1にあるように、「ビジョン共有」は「ナレッジ機能」の4項目に強く「正」の影響を与えています。特に、「知恵の共有」、「失敗からの学習」、「顧客からの学習」の3項目には強い影響があります。

次に、「知恵の共有」、「失敗からの学習」、「顧客からの学習」が、「3Eテスト」にある行動性と自立にどのような影響を与えているかですが、「知恵の共有」は「行動性」に「正」、「自立」に「負」、「失敗からの学習」はいずれも「正」、「顧客からの学習」はいずれも「負」、「過去の学習の棄却」はいずれも「負」となりました。つまり、「3Eテスト」の「行動性」と「自立」にいずれも「正」の影響を与えている項目は、「失敗からの学習」であることがわかります。

次に、社員（活性化プロジェクトメンバー以外）のパス図を示します。

図2：社員（活性化プロジェクトメンバー以外）の「3Eテスト」と「BBA」のパス図

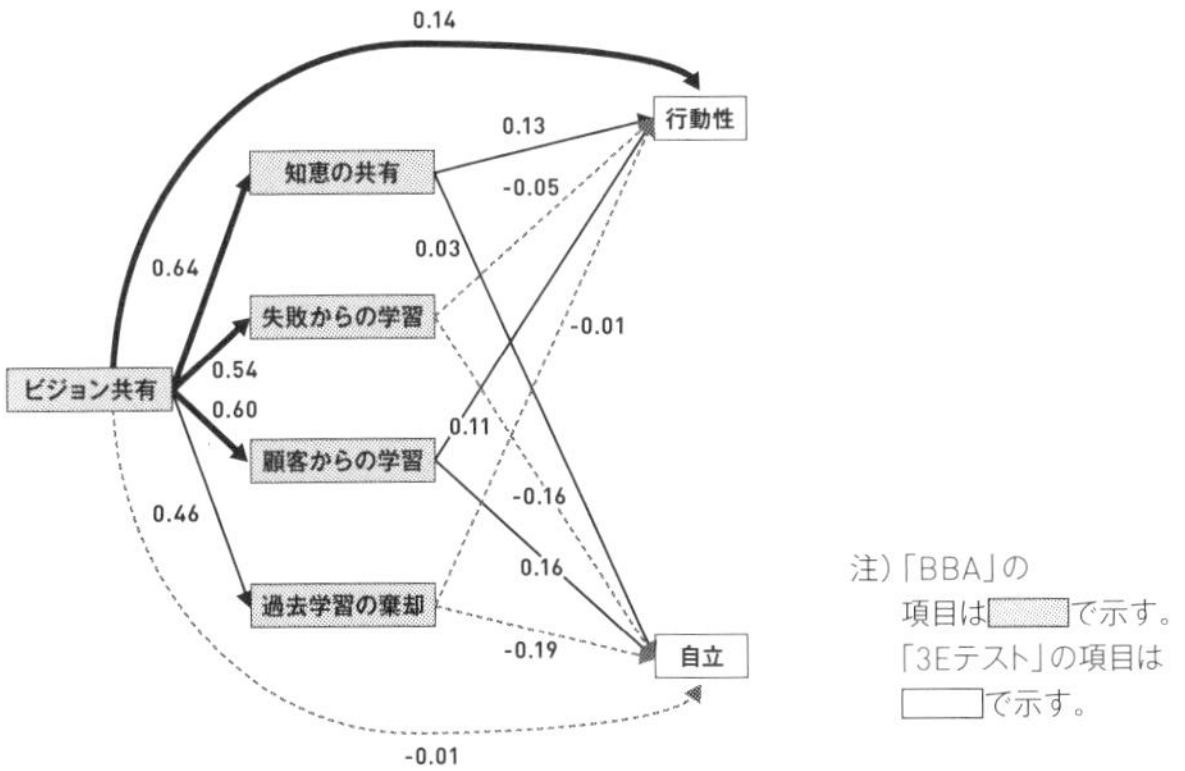

活性化プロジェクトメンバーとの大きな違いは、「失敗からの学習」がいずれも「負」であるという点と、「顧客からの学習」がいずれも「正」であるという点です。

これらを表にまとめると、次のようになります。

表3：行動性と自立に対する影響度

	失敗からの学習	顧客からの学習
活性化プロジェクトメンバー	正	負
社員（活性化プロジェクトメンバー以外）	負	正

この表から、次のようなことが推測できます。

- 活性化プロジェクトメンバーは、失敗からの学びを行動性と自立の向上につなげている。
- 社員（活性化プロジェクトメンバー以外）は、失敗からの学びは行動性と自立の妨げになっている。

●総評

総評としてまず挙げなければならないのは、2017年を起点とするタニタの組織戦略の成果です。

タニタは、それまでの組織運営の課題としていた、ビジョンの浸透を大きな柱として経営の根幹に据えました。2017年に実施した「BBA」でもその影響度は予測されていた項目でもあります。それから2年、さまざまな取り組みを経て、「ビジョン共有」が会社全体に好影響をもたらしており、特に、活性化プロジェクトメンバーには強い影響を与えています。

また、社員（活性化プロジェクトメンバー以外）の活力・活性度も向上しました。これがタニタの組織戦略であり、今般の姿の根幹と考えられます。エースで4番を揃えるのは人事戦略ですが、エースで4番だけでなくとも勝ちに行けるのは、組織戦略あってのことという好例でしょう。

以上の点をまとめると、

（イ）活性化プロジェクトメンバーとそれ以外の社員とでは、それぞれ「3Eテスト」に現れる個人行動に対する影響の与え方が異なるので、同一組織内である現象が起きた時の解釈や捉え方、その結果としての行動に差異が起こることもあります。

（ロ）活性化プロジェクトメンバーは、全社方針としての「ビジョン共有」の影響を強く受けますが、その効果は組織行動としての「ビジョン共有」のスコ

アアップではなく、個人の考え方や行動に与える影響が大きいと考えられます。

(ハ)「失敗からの学習」を「行動性」や「自立」の「糧」とする傾向は、活性化プロジェクトメンバーならではの傾向といえます。一方で、「顧客からの学習」が「行動性」や「自立」の向上に結び付きにくい点は、今後の対策が必要だと考えられます。とはいえ、活性化プロジェクトのスタートから間もないことから、活性化プロジェクトメンバーにおいては、この期間は試行錯誤を繰り返しながら行動性を高め、自立を目指してきた様子がうかがえます。また、活性化プロジェクトメンバーにとっては、「顧客からの学習」よりも「失敗からの学習」を重要な課題として選択してきたものと考えられます。

(ニ)通常の会社組織運営では得られがたい個人行動への影響を獲得できていることは特筆に値します。活性化プロジェクトメンバーが、組織運営などのマネジメントから解放された影響も見過ごすことはできません。この二つの関係性は、人材不足と経済構造変動という、今後直面するであろう日本の企業組織の在り方において一石を投じるものであることは間違いありません。活性化プロジェクトメンバーという業務のプロフェッショナルを育成し、マネジメント対象とすることは、「メンバーシップ型」と言われる日本型雇用慣行にはなかった取り組みです。「業務遂行-人事評価-処遇」というサイクルではなし得なかった成果を得るためには、一層のトライ&エラーが望まれます。

谷田千里（たにだ せんり）

株式会社タニタ 代表取締役社長

1972年大阪府吹田市生まれ。1997年佐賀大学理工学部卒。船井総合研究所などを経て2001年タニタ入社。2005年タニタアメリカ取締役。2008年5月から現職。47歳。レシピ本のヒットで話題となった社員食堂のメニューを提供する「タニタ食堂」や、企業や自治体の健康づくりを支援する「タニタ健康プログラム」などの事業を展開し、タニタを「健康をはかる」だけでなく「健康をつくる」健康総合企業へと変貌させた。

株式会社タニタ

体組成計や活動量計などの健康計測機器の製造・販売、「タニタ食堂」をはじめとする健康サービスを提供する健康総合企業。1959年に家庭用体重計の製造を開始して以来、乗るだけで計測できる体脂肪計、筋肉の状態「筋質」を評価できる体組成計など、世界初の商品を次々と開発し、市場をリードしてきた。近年では、機器に加えさまざまな「健康をつくる」サービスを展開し、その事業領域を広げている。

タニタの働き方革命

2019年6月24日　1版1刷

編　著　者　谷田千里＋株式会社タニタ

発　行　者　金子 豊
発　行　所　日本経済新聞出版社
東京都千代田区大手町1-3-7　〒100-8066
電話(03)3270-0251(代)
https://www.nikkeibook.com/
編 集 協 力　石臥薫子
ブックデザイン　梅田敏典デザイン事務所
イ ラ ス ト　仁茂田あい
印刷・製本　中央精版印刷

ISBN978-4-532-32282-3　Printed in Japan